Être mère
c'est que du bonheur...
ou pas

DANIELA MARTINS

Être mère
c'est que du bonheur…
ou pas

SOMMAIRE

INTRODUCTION

Parlons peu parlons vrai, j'ai tellement galéré quand je suis devenue mère pour la première fois, à me répéter en pleine détresse : « Mais pourquoi personne ne m'avait prévenue ? », que j'ai décidé d'écrire ce livre. Un livre que j'aurais bien aimé lire avant d'être mère, mais également un livre qui pourrait me rassurer et me déculpabiliser actuellement dans ma vie de maman.

Si l'on dit que « toutes les vérités ne sont pas bonnes à dire », on entend également qu'« une femme avertie en vaut deux », alors perso je préfère la deuxième option. Car j'en ai longtemps voulu au corps médical et à mon entourage de m'avoir sorti à gogo la fameuse phrase :

« La maternité c'est que du bonheur »,

parce que moi, j'y ai cru.

J'ai cru que si un bébé pleurait c'est qu'il y avait une raison. Alors pourquoi ne l'ai-je pas toujours trouvée ?! Je suis pourtant sa mère, voyons… J'ai aussi cru que mon ventre de femme enceinte allait rapidement me manquer… alors que non, pas du tout.

Il y a des cours d'accouchement, des cours de portage et d'allaitement, mais aucun cours pour t'apprendre à être mère. Et j'aime autant te prévenir ce n'est pas avec ce livre que tu vas les découvrir. Ceci n'est pas le manuel de la mère parfaite. Tout d'abord parce que la mère parfaite n'existe pas et ensuite parce que j'ai préféré traiter des sujets peu abordés et briser quelques tabous au passage.

En devenant mère, j'ai compris que ce rôle s'apprenait sur le tas, à l'instinct, au feeling et puis de toute façon en lisant ce livre, tu verras qu'il n'y a pas qu'une seule façon de faire, pas qu'une seule façon d'être mère. Ce livre est un mélange de mon vécu personnel, sans langue de bois et d'un partage d'expérience avec les témoignages d'une centaine de femmes qui ont eu la force et la gentillesse de raconter leur histoire. Le tout avec une touche d'humour, parce qu'aujourd'hui, il faut bien en rire.

J'espère que ce livre va te décomplexer et te rassurer. J'espère que par moments en pleine lecture tu te diras : « Ouf, je ne suis donc pas la seule à vivre ça ! » Et si, en prime, j'ai pu t'apporter quelques solutions, alors je suis la plus heureuse.

J'ai envie qu'en lisant ce livre, tu te rendes compte que tu as le droit de te plaindre même si quelqu'un te dit le contraire sous prétexte que : « Tu l'as voulu, tu l'assumes. » Au contraire, plains-toi et demande de l'aide aussi souvent que nécessaire, aussi souvent que cela te fait du bien. Et surtout, n'oublie pas que la seule chose que nous avons toutes en commun dans cette folle aventure qu'est la maternité, c'est cet amour maternel, différent, incomparable avec ce que nous avons connu avant…

→ Même si pour ça non plus, nous n'étions pas préparées !

Chapitre 1

AVANT d'être mère

LA RENCONTRE
QUI A TOUT FAIT BASCULER

« Je n'ai jamais voulu être mère.
Vous savez pourquoi ?

J'avais peur d'être une mauvaise mère. J'avais peur de reproduire le schéma éducatif que j'avais vécu, car je n'avais pas d'autres exemples autour de moi. Et comme on dit souvent qu'on a tendance à reproduire ce que l'on connaît, je me voyais déjà comme Jennifer ! Pas la chanteuse à la douce voix et au sourire d'ange, mais comme Jennifer Walters, alias Miss Hulk, la géante de jade avec de gros bras tout verts hurlant sur ses enfants.

J'avais l'exemple de parents qui avaient systématiquement recours à la violence pour se faire entendre, pour expliquer et éduquer. J'ai longtemps cru que c'était normal, que tous les enfants vivaient ça. Puisque c'était ainsi, j'étais sûre de ne pas vouloir d'enfants. Je ne voulais pas leur faire subir quelque chose dont moi-même j'avais souffert. Il m'arrivait de penser : il y a tellement d'enfants malheureux sur terre donc au pire j'en adopte un. Il serait toujours mieux avec Miss Hulk qu'abandonné au triste sort auquel ces enfants sont parfois destinés…

À l'âge adulte, j'ai eu des petits copains, des relations amoureuses plus ou moins longues et à plusieurs reprises l'idée d'être mère m'a vaguement traversé l'esprit. Cependant, j'aurais été incapable de donner une raison. Aujourd'hui avec du recul je me dis que c'était peut-être pour faire « comme tout le monde » ou pour « coincer » le petit ami qui de toute façon n'en valait pas la peine. C'est immoral ? Complètement, je vous l'accorde les filles, mais ils n'ont pas tous eu de bons sentiments envers moi non plus. Et finalement, je me serais retrouvée coincée avec l'un ou l'autre de ces spécimens qui n'en valaient pas la peine et un marmot qui chaque année aurait demandé au Père Noël de lui apporter une nouvelle famille.

Jusqu'au jour où une rencontre a tout fait basculer. Après avoir participé à une émission de téléréalité, j'étais sollicitée comme je ne l'avais jamais été par les hommes. Tous plus beaux les uns que les autres. J'étais un pot de miel dans un monde d'ours.

Je ne pense pas que tous les hommes s'intéressaient à moi dans le seul but de goûter à cette célébrité eux aussi, mais il y avait beaucoup de ça malgré tout. J'en étais consciente, mais en attendant c'était bon pour l'ego et j'en profitais. Je n'avais aucune envie de me poser, je voulais profiter de tout ça un peu plus longtemps.

« Salut, ça va ? »

Me voilà dans un appart de 45 m^2 avec trois garçons pour le Festival de Cannes. Je vous assure que c'est petit en compagnie de trois garçons... sauf si vous êtes étudiants en coloc à Paris, alors là on peut considérer que vous vivez dans un loft de luxe.

L'un d'entre eux (le propriétaire des lieux) était mon pseudo manager, je dis « pseudo » parce qu'en réalité il était plus intéressé par ma plastique que par mes talents éventuels. Un autre était un musicien fan de téléréalité qui s'est fait une joie d'appeler sa copine en direct pour lui raconter que j'étais là en chair et en os. Et le dernier était mon futur mari et père de mes enfants, mais ça, j'étais loin de l'imaginer, car il ne correspondait pas forcément à mes critères physiques*.

C'est vrai, il ne ressemblait pas aux grands bruns ténébreux que j'avais l'habitude de côtoyer à ce moment-là, mais je dois avouer que le feeling est tout de suite passé entre nous. Il ne regardait pas les émissions de téléréalité, c'était un détail appréciable puisque je n'étais entourée que de personnes qui me connaissaient et me fréquentaient pour ça. Lui, il me parlait pour ce que j'étais réellement sans autre intérêt. Cela me mettait en confiance.

« Enchantée, moi c'est Daniela. »

Ce gars avait quelque chose de particulier. Je ne savais pas encore quoi, mais il provoquait quelque chose de différent en moi. Il m'apaisait et ça, mon « manager » l'a très vite remarqué. Il était furieux et a tenté plein

---

* J'espère qu'il ne lira jamais ce livre.

** Ok tu l'as lu… Chéri, je t'en avais déjà parlé, tu te souviens ?

*** Toi aussi tu as des préférences. T'aimes les petits polos Lacoste, bah ça ne t'empêche pas de traîner toute la journée avec le maillot du PSG ! C'est l'amour du maillot !

**** C'est du passé ! Ce qui compte c'est le présent, le futur.

***** Ne rêve pas, elle coûte trop cher cette console.

de stratagèmes pour que je me brouille avec lui. On se serait cru dans une telenovela mexicaine réalisée par un Guillermo del Toro pas content. Il était loin d'imaginer qu'au lieu de nous éloigner, cela nous rapprocherait.

Nous avons passé pratiquement dix jours ensemble, à enchaîner les sorties en discothèque, les terrasses, les soirées sur les yachts avant de se quitter à la fin du festival.

Nous avons même eu la chance de monter les marches du festival ensemble, le genre de truc juste incroyable. En gros, la rencontre parfaite pour garder les pieds sur terre sans jamais se les prendre dans le tapis.

À ce moment-là, j'habitais encore chez mes parents. Je suis donc rentrée chez moi, au Luxembourg et lui à Paris. Je sais les filles que vous mourrez d'envie de savoir s'il s'est passé quelque chose entre nous pendant ces dix jours.

Navrée de vous décevoir, il ne s'est rien passé, enfin quand je dis rien, je parle d'une approche sexuelle évidemment, pas de guili-guili pour adultes, pas de picoti-picota, tout ça quoi… parce que des câlins, il y en a eu bien sûr.

Nous nous sommes enlacés et je suis montée dans le train, avec la promesse de se revoir très prochainement.

Il me manquait déjà. J'avais beau ne rien envisager de sérieux avec lui ni avec personne d'autre d'ailleurs, là c'était différent. Ça n'existe pas que dans les films apparemment.

Dans le seul but de le revoir, une semaine plus tard j'ai sauté sur le premier événement parisien qu'on me proposait… et ce qui devait arriver arriva, je lui ai aussi sauté dessus.

Notre relation a évolué avec des hauts et des bas. Avec beaucoup de bas, d'éternels doutes de ma part, puis une séparation qui a tout bouleversé. Elle m'a fait prendre conscience que j'avais réellement envie de me poser… et avec lui. J'ai réalisé que je ne voulais plus le perdre. C'est souvent lorsque la personne t'échappe que tu te rends compte à quel point elle compte pour toi. C'est dommage de devoir en arriver là, parce que parfois ça passe, souvent ça casse, même si quelques fois c'est nécessaire.

Et là vous vous dites : « Mais pourquoi elle nous raconte tout ça ? On était censées parler de maternité, non ? » On va dire que c'est un peu comme certaines séries, le début est un peu gnangnan, mais indispensable pour comprendre la suite. Nous nous sommes mariés en mai 2015 et c'était le plus beau jour de ma vie. On me demande souvent si ce n'est pas le jour de la naissance de mes enfants ? Eh bien non, le plus beau jour de ma vie est le 30 mai 2015. Qui n'a jamais rêvé de recevoir des grains de riz à 320 km/h dans le visage en sortant d'une mairie ?! Je plaisante… c'était sans nul doute une journée exceptionnelle.

> Et ensuite ?

Il le savait : je ne voulais pas d'enfants à moins d'envisager une adoption. Et moi je savais qu'il en voulait. On était mal. Premier désaccord majeur, des interrogations, des inquiétudes… Étais-je prête à changer d'avis par amour ? Allait-il envisager de me quitter si je n'acceptais pas de lui donner un enfant biologique ?

Je pense qu'on évitait cette discussion, autant lui que moi, mais est arrivé un moment où on n'a plus pu y échapper.

Finalement, nous avons décidé de passer un accord : si j'acceptais de lui donner un enfant biologique, il accepterait de m'accompagner dans ma démarche d'adoption. Marché conclu. Croix de bois, croix de fer si tu mens, tu retournes chez ta mère.

« On était contents de trouver une solution qui nous convenait à tous les deux.

LA MISE EN ROUTE
DE NOTRE PREMIER ENFANT

Une fois que nous avons pris la décision de faire un bébé, j'ai tout de suite arrêté de prendre ma pilule. Mon bébé je le voulais là, maintenant. Et honnêtement, je pensais que tomber enceinte c'était aussi simple que d'aller acheter une baguette. J'étais comme une gosse à Noël qui ne veut pas attendre minuit pour ouvrir ses cadeaux.

Très rapidement, ce désir de bébé est devenu une obsession. Je buvais bébé, je mangeais bébé, je dormais bébé… tout devenait un signe. Quand je vous dis tout, c'était vraiment TOUT, du nuage en forme de cœur dans le ciel, au moindre gaz intestinal (alors que je digérais juste des pois chiches) !

Sans compter les heures passées sur Doctissimo à lire des témoignages (on sait toutes que c'est une mauvaise idée, mais on le fait quand même). Je passais au peigne fin chacun de mes symptômes.

Petite liste avec tous les symptômes de grossesse éventuels que tu peux trouver sur Internet :

- Nausées
- Acné
- Constipation
- Douleurs à l'endroit d'une ancienne opération
- Courbatures
- Diarrhée
- Remontées gastriques
- Seins douloureux
- Faim tout le temps, profitez-en !
- Pertes marron
- Mal de dos
- Le chat ou le chien qui devient pot de colle
- Fatigue
- Sensibilité de l'odorat (Bonne chance à celles qui prennent le métro !)
- Gingivite
- Douleurs de règles... (sinon c'est pas drôle !)
- Mauvaise humeur, profitez-en encore !
- Dégoût de certains aliments
- Goût de fer dans la bouche (même sans appareil dentaire !)
- Douleurs d'estomac
- Des mamelons qui changent de couleur. Généralement, ça fonce, donc si on arrive sur du bleu pastel, voire du rose magenta c'est plus des seins, mais une borne d'arcade ! Rien de grave !
- Envie de lait
- Impossible de s'allonger sur le ventre
- Bouche pâteuse
- Fourmis dans les pieds et les jambes
- Oreilles qui sifflent
- Migraines
- Mycoses
- Perte de cheveux
- Baisse de tension
- Saignements de nez

- Envies étranges
  et farfelues comme faire
  le ménage, manger des
  fraises, du fromage, etc.
- Douleurs au niveau
  du sternum
- Libido +++ (Messieurs
  à vous d'en profiter
  maintenant !)
- Envie de boire de
  la Javel (improbable,
  mais vraie réponse
  de l'une d'entre vous)
- Perte de poids
- Nez bouché
- Roter tout le temps
- Avoir soif

La liste vous paraît longue ? Dites-vous que j'ai fait un tri avant de vous la partager. On est d'accord, si tu te fies à Google tu es enceinte tout le temps. Chéri lui-même avait peur d'être enceinte en cherchant pour moi ! Mais lorsque l'idée d'avoir un bébé t'obsède, tu prends ces symptômes au sérieux et tu cours faire des tests de grossesse. Et même si ces tests te recommandent une utilisation jusqu'à cinq jours avant les règles présumées... Bah non, tu ne peux pas attendre, y a trop de symptômes. T'as les seins de Pamela Anderson, et t'as plus de boutons sur le visage que sur ton clavier d'ordi, évidemment que tu fais le test. Tu ne vas pas attendre l'alignement des planètes et une pluie de grenouilles.

ATTENTION À L'OBSESSION

Au total, j'ai dû dépenser 100 € en tests de grossesse. Soft. J'ai mis six mois à tomber enceinte. Ça peut être très long quand ça devient une obsession. Tu vois des femmes enceintes partout et tous tes rapports sexuels ont un seul et unique objectif : tomber enceinte.

Le marathon du bébé, alias le bébéthon

Les témoignages que j'ai reçus vont de : « J'ai eu un oubli de pilule, je suis tombée enceinte direct » à « On a mis onze ans ». Ou encore : « Je suis tombée enceinte le jour où j'ai retiré mon stérilet » à « Ça fait des années qu'on essaye ».

Une grande majorité dit avoir mis plusieurs mois à tomber enceinte. Et en faisant quelques recherches, on constate alors que la durée moyenne est de sept mois pour tomber enceinte. Quant aux médecins, ils conseillent d'essayer pendant un an avant de consulter pour des tests de fertilité.

> **❮❮ Bref, il n'y a pas lieu de s'inquiéter si vous ne tombez pas enceinte dans la minute.**

Pendant cette longue période anxiogène d'attente, tu as le droit à tout un tas de conseils de grand-mère pour tomber enceinte. Accrochez-vous la liste est longue aussi !

Au bout de trois mois, j'ai évidemment commencé à m'inquiéter sur ma fertilité. Comme on a pu le constater plus haut, beaucoup de couples attendent parfois des années pour avoir un bébé et pour d'autres : « C'était un accident ». Dame Nature n'est pas toujours cohérente. D'ailleurs, je me souviens que mes parents avaient un couple d'amis qui n'arrivait pas à avoir d'enfants. Après plusieurs années, ils ont fini par abandonner et se résigner. Contre toute attente, elle est tombée enceinte lors de sa période de ménopause. Cette histoire m'a marquée.

Et vous les filles.

quels remèdes de grand-mère on vous a donnés ?

Du thé au gingembre à boire tous les jours, sans faute !

De l'huile d'onagre. (Rien que pour en trouver il te faut neuf mois.)

Permettre à Dame Nature d'aimer à l'infini (ne me posez pas la question, j'ai pas compris non plus)

Faire l'amour le matin (après ce n'est pas précisé si ça doit être avant le café ou si ça peut attendre après)

Faire la chandelle après les rapports. Tout le monde visualise ce que c'est que faire la chandelle ? Parfait ! Record à battre : trente-cinq minutes

Des séances d'ostéopathie (ce n'est pas un remède de grand-mère, mais j'ai trouvé cela intéressant de vous le partager)

Faire le poirier (je partage, mais j'avoue que je ne visualise pas du tout le poirier et encore moins le matin au réveil)

Ne pas y penser sans arrêt. Ça viendra quand ça viendra. (Enfin vous m'excuserez, mais pour que ça vienne un jour, faut tout de même penser à essayer !)

Masser les cuisses de l'homme pour stimuler la testostérone

Acupuncture (j'avoue c'est pas trop un remède de grand-mère ça)

Manger des aliments riches en vitamines (mais lesquelles... ?!)

Rester allongée sur le dos après la relation pendant vingt minutes (ce que nos hommes savent très bien faire eux, et pour le reste de la nuit)

Boire des clous de girofle infusés dans du lait chaud

Jouir (c'est vrai que c'est toujours plus sympa)

Consommer du miel

Faire l'amour les soirs de pleine lune

TOUT VA BIEN MADAME !

J'ai consulté ma gynécologue qui m'a fait subir tout un tas d'examens, prises de sang, échographies : « R.A.S. Madame ». Rien à signaler ? La réponse ne me convenait pas. Je voulais un bébé MAINTENANT. Souvenez-vous, j'ai quand même débuté ce livre par : « Je n'ai jamais voulu être mère ». C'était le début du « ne jamais dire jamais, quand on est mère ».

La gynécologue a fini par me donner un traitement hormonal pour stimuler les ovaires afin d'obtenir une ovulation de qualité.

« Il faudra commencer ce traitement le premier jour de votre cycle. » Bouleversement, je suis passée de : « Je ne veux pas avoir mes règles » à « Je veux les avoir au plus vite »…

À 50 € les trois boîtes non remboursées par la Sécurité sociale ça avait intérêt à fonctionner !

Bizarrement, une fois que j'ai eu ce traitement entre les mains, je me suis sentie plus sereine. Clairement, j'y pensais moins et je me suis même surprise à faire l'amour par envie et non pas parce que j'étais en période d'ovulation.

Ce n'était pas arrivé depuis des mois.

L'OVULATION, ÇA FOUT LA PRESSION

Parlons-en de cette période d'ovulation. En plein milieu de son cycle, la femme a une période de fertilité propice à la fécondation et si tu la loupes c'est comme une éclipse solaire, t'as l'impression que tu vas devoir attendre cent ans pour la prochaine.

En gros entre dix et quatorze jours après le début de tes dernières règles il faut faire crac-crac tout le temps pour mettre toutes les chances de votre côté.

« Hey ça va chéri ? Bon on est le 5 aujourd'hui, faut y aller ! »

C'est du sport de haut niveau pour ton gars durant ces jours-là. Ça fait des années qu'il se vante d'être un athlète, alors c'est le moment ! Séance de tir au but, lancer de javelot… allez champion !

Pour être honnête, je garde un mauvais souvenir de cette période. Devoir faire l'amour non parce que tu en as envie, mais parce qu'il faut féconder… ça casse un peu la magie.

Mais il n'y a pas d'autres solutions, les médecins le disent : « Surveillez votre période d'ovulation et faites l'amour autant de fois que vous pouvez. »

Début décembre, je partais une semaine à Marseille pour un tournage. J'ai pris avec moi le petit sac plastique avec le traitement puisque j'étais censée avoir mes règles sur place.

IN THE POCKET

Quelques jours avant mes règles, la maquilleuse me sort :
« Tu es enceinte ? Ta peau a changé. »

Je ne m'attendais pas à cette question. Ma peau avait effectivement changé, j'avais plus d'acné que d'habitude, mais honnêtement je ne voulais pas y croire, pas une fois de plus, je n'avais pas envie d'être à nouveau déçue en allant aux toilettes pour constater que j'avais mes règles. Et puis de toute façon qu'importe, j'avais mon petit traitement et ça allait le faire.

Le jour présumé de mes règles, je vais faire pipi et je vérifie si elles sont là. *Toc toc toc, il y a quelqu'un ? Non, personne.* Je connais mon corps. Je suis très régulière dans ma période menstruelle, ça se joue toujours à quelques heures près.

Et si la maquilleuse avait raison ? Et si j'étais réellement enceinte ? Ça y est, c'était parti ? Je me suis posé la question tout au long de la journée.

The obsession is back.

19 heures, on arrive à la fin du tournage. J'en ai marre, vite qu'on en finisse, que je fonce à la pharmacie pour m'acheter un énième test.

Je prends le test, je rentre à l'hôtel avec l'intention d'attendre le lendemain matin. Il paraît que l'urine du matin est plus concentrée, donc plus efficace sur les tests de grossesse.

Je me pose sur le lit, j'essaye de me changer les idées en regardant un peu la télévision pour éviter de craquer et de me jeter sur le test de grossesse.

Au bout de quinze minutes, je craque, impossible d'attendre le lendemain et tant pis pour les 9 balles. Je suis trop impatiente, j'ai besoin de savoir ce qu'il en est, je veux juste une réponse et passer à autre chose.

J'ai fait pipi sur le bâtonnet et j'avais à peine fini que les deux barres s'affichaient déjà. Je n'en croyais pas mes yeux ! J'ai toujours cru qu'il fallait attendre deux minutes avant d'avoir un résultat comme indiqué sur la notice. Je retourne le test dans tous les sens, je reprends même la notice et la relis pour être sûre que les deux barres signifient bien : « enceinte ». Avouez ! on l'a toutes fait ?

« Mon cœur a explosé de joie.
J'avais tellement hâte de l'annoncer
à mon chéri.

Et vous les filles,

comment vous l'avez annoncé ?

J'ai préparé le petit déjeuner et j'ai mis une paire de chaussons de bébé devant son bol.

On faisait les courses et j'ai acheté un paquet de couches, il n'a rien vu jusqu'au moment de ranger les courses à la maison et il a dit : « Pourquoi tu as acheté ça ? » les larmes aux yeux.

J'ai glissé le test et le résultat d'analyses dans le courrier des impôts qu'il n'avait pas encore reçu lui.

J'ai écrit une lettre en me faisant passer pour bébé.

Le jour de la fête des pères je lui ai dit : « Bonne fête des pères » (alors que nous n'avions pas d'enfants).

Pendant qu'il était parti faire les courses, j'ai décoré notre chambre avec plein d'objets et accessoires pour bébé.

J'ai acheté 2 tartelettes à la fraise et j'ai caché le test dans la boîte.

Par texto.

J'ai mis le test de grossesse dans un étui Ray Ban, il a cru que je lui offrais des lunettes.

Je lui ai demandé de bloquer une date sur son agenda (date d'accouchement).

En prenant l'apéro. Une nausée de dingue, il me dit de faire le test. Des tests, j'en avais plein chez moi, ce n'est pas ce qui manquait. Résultat positif, on a trinqué une dernière fois.

Au restaurant, je lui ai présenté une paire de chaussons roses.

Je lui ai acheté une tasse avec écrit dessus « super papa » et lui ai donné le matin avec son petit café.

Il était fan de Jack Skellington, j'ai alors dessiné un Jack avec un biberon et agrafé ma prise de sang derrière.

Je lui ai préparé un menu avec uniquement des choses mini : mini burger, mini légumes, mini dessert, mini café.

J'ai écrit « bonjour papa » sur mon ventre. J'ai soulevé mon tee-shirt et je lui ai dit, c'est bizarre j'ai un truc qui pousse dans mon ventre.

Je l'ai appelé direct, impossible d'attendre.

Sur Instagram, je voyais souvent des annonces de grossesse magiques, je rêvais de faire pareil. Mais impossible d'attendre, je ne rentrais que dans trois jours, et je ne pouvais pas garder ça pour moi. Je voulais l'annoncer à la terre entière (pas sûre que ça puisse intéresser tout le monde), encore aux toilettes, le test de grossesse à la main, ma voix tremblait et mes yeux se sont remplis de larmes au son de sa voix.

« Allo, oui c'est moi. Je suis enceinte ! »

⟶ On avait dit original, comme les annonces sur Instagram ?

OK JE SUIS ENCEINTE ET MAINTENANT ?

Me voilà à 500 km de mon chéri et de mes amis, à 500 km de ma gynécologue aussi. C'est bon, ça fait deux semaines que je suis enceinte et je stresse déjà. Je décide d'envoyer un mail à ma gynécologue pour lui annoncer la nouvelle, alors que je lui avais déjà envoyé un mail la veille pour lui dire que j'étais peut-être enceinte. Celle-ci m'avait gentiment dit d'attendre lundi avant de faire un test de grossesse.

Tu parles…

16 décembre 2015 à 10 h 49
« Merci pour votre réponse.
Je n'ai pas pu attendre, je viens de faire un test qui s'avère positif d'une ou deux semaines de grossesse.

J'attends votre retour concernant les démarches à suivre.

Merci beaucoup pour votre accompagnement.

Daniela Martins »

PSEUDO-RÈGLE NUMÉRO 1 : ne pas annoncer une grossesse avant les trois mois révolus, il paraît que ça porte malheur... mais je pense que les règles sont faites pour être transgressées, en tout cas pour ma part. Clairement j'avais envie de prendre un mégaphone et de crier par la fenêtre : « Je suis enceinte. Oui, je suis enceinte. » et qu'on m'applaudisse comme le personnel soignant pendant le confinement.

Bon rassurez-vous, je ne l'ai pas fait. Cependant, j'ai quand même envoyé un texto à toutes mes copines pour leur annoncer la grande nouvelle.

Chapitre 2

BÉBÉ
à bord

❮❮ Vous allez donc me demander
quels étaient mes symptômes.
Aucun.

Enfin pas plus que lorsque j'ai mes règles, à savoir :
acné et fatigue ++. J'avais aussi quelques tiraillements,
mais du genre que tu peux aussi ressentir à l'approche
de tes règles.

Il me restait deux jours de tournage et je n'avais qu'une
hâte : rentrer à la maison et faire la prise de sang pour
confirmer cette grossesse. La prise de sang c'est un peu
l'étape décisive et tu la fais avec une certaine boule au
ventre « le test a-t-il dit vrai ? »

C'est comme le résultat du bac,
tant que tu n'as pas le diplôme en main,
tu as toujours un doute.

Les applis de suivi de grossesse

Avant même de faire mon test sanguin, j'avais déjà
téléchargé une application de grossesse. J'étais devenue incollable sur les premiers jours d'une grossesse,
une sœur Bogdanoff spécialiste de la planète Utérus.
C'est fou comme ce truc peut rendre accro, je pouvais passer mes journées et mes soirées dessus, pire
que Doctissimo. OBSESSIONNEL.

Parmi toutes les applications de grossesse, vous avez :

• Grossesse +

• Neomamma

- Babycenter
- Wemoms

Pour ma part, j'utilisais Babycenter, et je crois bien que j'étais la personne la plus active de ce forum. Je dormais Babycenter, je mangeais Babycenter. Une application pour les papas aussi. C'est un bon moyen pour eux de vivre la grossesse par procuration en quelque sorte.

JE SUIS
« OFFICIELLEMENT »
ENCEINTE

Une fois que la grossesse est confirmée par la prise de sang et attestée par votre médecin ou gynécologue, vous êtes officiellement enceinte et vous pouvez envoyer votre attestation à la Sécurité sociale pour déclarer votre grossesse et bénéficier de la prise en charge de tous les soins.

Pour le suivi de la grossesse, vous pouvez choisir :
- un(e) gynécologue indépendant(e)
- directement à l'hôpital
- dans une PMI (protection maternelle et infantile)
- ou tout simplement une sage-femme

Pour ma première grossesse, j'ai été suivie par un gynécologue et pour la deuxième par une sage-femme. En réalité, je n'ai pas vu de différence. Le plus important, c'est de trouver la personne qui vous met à l'aise, qui vous écoute. Ne vous forcez pas à consulter une personne si le feeling n'y est pas. Si la personne n'a pas les mots pour vous rassurer, changez sans hésiter.

La grossesse dure en moyenne neuf mois, soit quarante-deux semaines, il vous faut quelqu'un de compétent, mais surtout de bienveillant à vos côtés.

> Si c'est pour être reçue
> comme un animal,
> autant aller chez le vétérinaire.

TRAVAILLER
PENDANT SA GROSSESSE

L'ANNONCE

Lors de ma première grossesse, je travaillais en tant qu'hôtesse dans une salle de sport, avec des horaires variables, et surtout je devais rester debout à l'accueil. J'appréhendais le moment fatidique où je devrais l'annoncer à ma manager. C'était une femme, belle, élégante, imposante, extravagante, qui voulait avoir un deuxième bébé, mais Dame Nature n'était pas d'accord. Je savais tout ça, elle en parlait ouvertement.

BILAN : double appréhension pour moi de lui annoncer ma grossesse. Comment allait-elle réagir ? Serait-elle clémente avec mes conditions de travail ou bien jalouse que je sois enceinte et pas elle ? Tu ne sais jamais comment la personne peut réagir. Je me souviens avoir eu tellement la boule au ventre au moment de rentrer dans son bureau pour poser la fameuse question :

« Est-ce que je peux te parler ? »

Je suis entrée dans son bureau, je me suis assise en face d'elle, j'avais la boule au ventre et les mains moites.

Je lui ai tendu le certificat de grossesse fait par ma gynécologue et je lui ai dit :

*« Je voulais te dire
que je suis enceinte. »*

Elle s'est décomposée et m'a répondu tout simplement :

« Ok cool, félicitations... »

Je ne le savais pas encore, mais je venais de déclencher (malgré moi) une guerre froide.

Assez rapidement, j'ai eu des vertiges et la tête qui tournait. Je sais aujourd'hui que les vertiges pendant la grossesse sont liés à une chute de la tension artérielle en position debout ou à une hypoglycémie si on est loin des repas. Bref j'avais vraiment du mal à rester longtemps debout, les ligaments me tiraient comme si je venais de faire un marathon à cloche-pied et quand c'est ton premier enfant, la moindre douleur ou le moindre désagrément te fait flipper. Tu t'imagines le pire, tout est nouveau pour toi : comment savoir si tout ça est normal ? Comment savoir qu'effectivement tu peux avoir des tiraillements parce que ton corps « travaille » pour faire de la place au bébé, que les organes eux aussi se mettent différemment en place ? Tu ne peux pas savoir, parce que tout est nouveau.

*En gros, tu flippes parce que
tu ne sais pas encore
que ton corps c'est un transformers.*

Et vous les filles,

comment ça s'est passé au boulot ?

Bien, je suis fonctionnaire donc pas eu de problème. #LAKIFFANCE

Elle était encore plus heureuse que moi limite. #LERÊVE

Appels réguliers pendant le congé pour gérer des dossiers et les fameux : « Tu reviens quand ? ». #TUVEUXPASQUEMONBEBETRIELECOURRIERNONPLUS

Il m'a directement parlé de la galère que ça allait être pour me remplacer le temps de mon absence. #JETEFAISPASCULPABILISER

Il m'a dit de me mettre en arrêt, sinon c'est lui qui allait tout faire pour que je m'y mette. #VATEFAIREFOU...

Ma directrice a même pleuré d'émotion. #CALMETOINADINE

Très mal, il ne me l'a pas dit en face, mais ses gestes le trahissaient. J'ai par la suite subi du harcèlement moral. #GROSSETETEDECUL

J'étais femme de chambre et je suis passée réceptionniste pour que je fasse moins d'efforts. #PROMOTION

J'ai eu le droit de télétravailler deux jours par semaine au lieu d'un seul. #SYMPATHIE

Je me suis fait virer, j'étais en période d'essai... #PASDEBOL

Elle était très contente pour moi. **#BONHEUR**

Ils m'ont bien fait comprendre que j'avais intérêt à travailler jusqu'à la fin de la grossesse. **#PRESSIONDEDÉBILE**

Elle m'a dit : « Tu vas le garder tu es sûre ? Parce que moi ça ne m'arrange pas. » **#NONNONTUVIENSDEMOUVRIRLESYEUXJEVAISLEMETTRESURLEBONCOIN**

Il ne m'a pas titularisée, donc pas de CDI. **#BONESPRIT**

Elle n'a jamais renouvelé mon contrat. **#FEMMEEXCEPTIONNELLE**

Très bien alors que j'étais en période d'essai. **#DESPERSONNESCOMMEONENFAITPLUS**

J'ai été licenciée. **#DROITDESFEMMES**

L'annonce de ma grossesse a été terrible, j'ai subi du harcèlement tout du long et j'ai fini par faire une dépression. **#ONESTBIENEN2022**

Mes employeurs ont été plus ravis que moi et j'ai été chouchoutée tout au long de ma grossesse. **#DESGENSFORMIDABLES**

Des félicitations et une responsable très à l'écoute qui m'a incitée à ne pas trop forcer. **#BIENVEILLANCE**

Je l'ai annoncé dès l'entretien d'embauche et ça s'est très bien passé. **#INCROYABLEMAISVRAI**

Plutôt bien, car j'ai prévenu quelques mois auparavant que je voulais un bébé. **#COMMUNACCORD**

À QUEL MOMENT
C'EST DU HARCÈLEMENT ?

Ces fameuses douleurs ligamentaires me faisaient peur et j'ai assez rapidement demandé une chaise haute pour pouvoir m'asseoir, cela a été très mal vu par ma manager qui n'hésitait pas à m'enlever la chaise dès que je m'absentais. Elle se croyait dans une partie de chaise musicale la nana…

Ensuite le harcèlement est arrivé avec des remarques du genre : « Elle ne fait que manger », « tu as vu çomme elle a grossi ? » et ça derrière mon dos, mais assez fort pour que je puisse l'entendre. Un jour, je me souviens être partie dans la cuisine pour me faire un café, elle est entrée dans la pièce et m'a engueulée parce que je n'étais pas en pause et que je n'avais pas à quitter mon poste.

Il y a eu une succession d'injustices à mon égard, du harcèlement direct et indirect, tout au long de ma grossesse, à tel point que j'ai pris la décision de consulter un médecin du travail, pour faire valoir mes droits. Il m'a fait une attestation pour insister sur mon état de grossesse en précisant que certaines tâches et horaires devraient pouvoir être aménagés. J'ai remis cette attestation à mon employeur (pensez bien à garder une copie). Pensez-y les filles, si ça ne va pas au boulot, la médecine du travail est là pour vous écouter et vous soutenir.

Je pense que le plus difficile dans tout cela, ça a été quand elle a changé tous les contrats, sauf le mien. En résumé, les autres sont tous devenus Réceptionniste/Commercial. Plus de différence, tout le monde devait pouvoir faire les deux. Moi je suis restée uniquement réceptionniste. J'avais le droit (ou plutôt l'obligation) de faire des ventes d'abonnement, mais je devais restituer les commissions au collègue de mon choix. En gros, une pression supplémentaire avec ces objectifs. J'étais la seule à ne pas avoir d'avenant à mon contrat.

Grossesse et travail :
ce que dit la loi

Le système protège assez bien les femmes enceintes et certaines tâches peuvent vous être épargnées. Vos conditions de travail peuvent être aménagées notamment si vous devez rester longtemps debout ou porter des charges lourdes. Vos horaires également doivent pouvoir être adaptés. Sachez les filles que vous ne pouvez pas être licenciées pendant votre grossesse. Vous avez tout un tas de protections durant cette période, n'hésitez pas à faire valoir vos droits.

C'était dur, mais je refusais de baisser les bras d'autant que je me sentais plus forte que jamais et durant sept mois j'ai rassemblé toutes les preuves d'injustice et de harcèlement pour m'en servir plus tard. « La grosse » avait décidé d'agir et de prendre sa revanche plus tard…

ET PENDANT CE TEMPS, UN BÉBÉ GRANDISSAIT DANS MON VENTRE.

J'ai toujours trouvé ça fascinant. Je me posais une tonne de questions avant d'être enceinte : est-ce que le bébé fait caca dans le ventre ? Comment respire-t-il sous l'eau ? Et les yeux ouverts sous l'eau, ça ne lui fait pas mal ? (Sinon, moi, j'avale des lunettes de plongée, je ferai tout pour mon bébé !) S'il ouvre sa bouche, est-ce qu'il ne va pas s'étouffer ? Il n'a pas des branchies quand même ?

⟶ Souriez si vous voulez, mais c'était le genre de questions que je me posais.

Je vous rassure, encore aujourd'hui après trois grossesses, je n'ai toujours pas la réponse à tout. Bon, à part pour le caca quand même !

Parfois nos mecs sont plus calmes que nous sur la question, et pour cause, certains papas passent leur temps sur ces fameuses applications et sur Google. « Tu vois chérie dans ton bidon durant tout son développement, le bébé fait seulement pipi, jamais des selles. Ce serait trop nocif pour lui d'ailleurs. Mais je t'expliquerai la suite demain… » Fier de lui, il termine généralement par un dab.

Ce bébé grandit dans ton ventre et ton ventre grossit lui aussi. Pour ma part, à partir du moment où j'ai su que j'étais enceinte, vers la quatrième semaine d'aménorrhée, mon ventre s'est arrondi. Clairement, c'était très psychologique pour moi. Je suis enceinte, j'ai un ventre de femme enceinte et puis c'est tout.

Et vous les filles.

quand est-ce que votre ventre
s'est vraiment arrondi ?

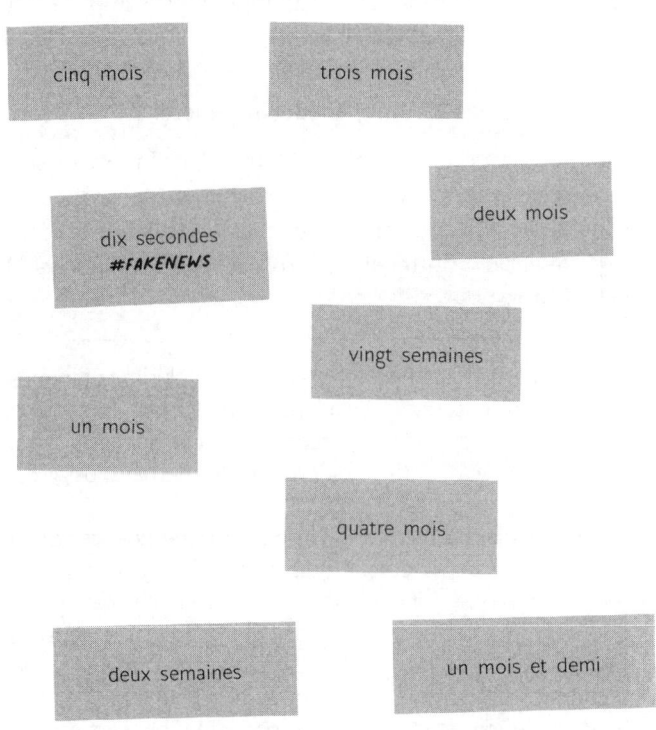

cinq mois

trois mois

dix secondes
#FAKENEWS

deux mois

vingt semaines

un mois

quatre mois

deux semaines

un mois et demi

Je pense que la moyenne doit se situer autour de trois mois. Je me souviens qu'à trois mois je portais déjà des pantalons de grossesse. D'ailleurs, trois mois c'est aussi la période de la libération, celle où tu peux enfin dire à tout le monde que tu es enceinte.

Ma copine Anny, avec son franc-parler et son diplôme de médecin généraliste, a été mon Doctissimo à moi pendant mes grossesses.

L'avis d'Anny, médecin généraliste

« Au-delà de dix semaines (douze d'aménorrhée) si la grossesse évolue bien il y a 99 % de chances qu'il n'y ait pas de fausse couche. Certaines femmes préfèrent donc attendre les trois mois pour annoncer leur grossesse. »

J'ai remarqué aussi en échangeant avec plusieurs femmes que le ventre prenait forme plus rapidement lors d'une deuxième ou troisième grossesse. J'avoue que pour moi ça a été le cas. Plus rapidement et même plus gros, surtout en fin de grossesse.

Le corps a une mémoire. Un peu comme une personne qui a fait du sport et qui s'est arrêtée pendant plusieurs mois, comparé à une personne qui n'en a jamais pratiqué, celle qui reprend aura moins de difficultés. Et c'est la même chose avec les M&M's au cinéma… t'en manges, t'en manges… t'éloignes le paquet, mais tu y reviens… comme la première fois, et tu termines le paquet ! Non, ce n'est pas de la gourmandise chéri, c'est la mémoire de mon corps.

⟶ *Ok… là c'est un mauvais exemple.*

LE DÉNI DE GROSSESSE

Il existe un cas bien précis où le ventre ne s'arrondit pas. Lors d'un déni de grossesse, le corps ne présente aucun des signes habituels de la grossesse. En revanche au moment où la femme apprend sa grossesse, le ventre s'arrondit comme par magie. Le corps humain est décidément incroyable…

Le déni de grossesse toucherait environ 1 grossesse sur 500 en France. Il peut être de deux types :
• total : du début à la fin. D'ailleurs il peut même se poursuivre au-delà de l'accouchement ;
• partiel, si la femme découvre sa grossesse avant le terme.
Ce mécanisme inconscient est encore mal expliqué et les causes varient d'une femme à l'autre. En effet, il n'existe pas de profil type pour ces femmes et tous les milieux sociaux sont concernés. Un suivi psychologique est important pour assimiler la nouvelle, comprendre les causes de ce déni, mais aussi pour tisser le lien mère-enfant lorsque c'est nécessaire.

L'une de mes meilleures amies a vécu un déni de grossesse partiel. Elle se plaignait d'avoir pris un peu de poids, mais rien d'alarmant. Elle avait toujours ses règles et pas de ventre rond à l'horizon. Elle se rend aux urgences avec des problèmes de constipation et ressort avec une échographie d'un fœtus de 1,5 kilo pour six mois et demi de grossesse.

Elle m'a raconté qu'à l'instant où le médecin lui a annoncé sa grossesse son ventre, inexistant cinq minutes avant, s'est immédiatement arrondi. Incroyable, mais vrai.

Une fois de plus on se rend compte que l'émotionnel joue un rôle capital tout au long de la grossesse. Comme si le corps décidait de rendre visible l'invisible d'un seul coup.

Racontez-moi les filles,

comment vous l'avez vécu ?

« J'ai fait un déni de grossesse il y a un peu plus de trois ans maintenant. J'ai appris ma grossesse à huit mois et demi. Quand j'y repense, la semaine avant de l'apprendre je rentrais à 8 heures du matin d'une grosse soirée avec mes amis. Ah ah, si j'avais su ! J'ai accouché trois semaines après avoir su que j'attendais un enfant (il m'a laissé une petite semaine de plus pour me faire à l'idée que j'allais être maman). Gros chamboulement, j'avais 24 ans, comment l'annoncer ? Je bossais, je n'étais pas en couple avec son papa, aucun de mes amis n'avait d'enfant autour de moi. Comment allaient-ils prendre la nouvelle ? Je vis à la campagne, tout le monde parle de tout le monde, j'allais être le sujet de l'année ! La plus grosse question a été : est-ce que j'étais vraiment prête à l'accueillir ? Et en fait je ne me suis posé cette question que quelques secondes parce que le simple fait de savoir qu'il était là, les premiers mouvements que tu ressens dans ton ventre (que je ressentais déjà sûrement avant, mais que je mettais sur le compte d'autre chose parce que j'étais à 10 000 lieues de penser que ça pouvait être un bébé), tu ne réfléchis pas longtemps. Tu te dis que oui s'il est là et s'il s'est caché c'est pour une bonne raison et que tu veux le rencontrer. Tu le veux dans ta vie, donc tu lèves la tête et t'y vas, ce que pensent les gens tu t'en fous ! J'ai eu un soutien incroyable autour de moi, j'ai eu de la chance. J'ai pleuré, beaucoup pleuré même, ça n'a pas été tout rose, mais quand j'y repense c'est tellement beau.

« J'avais 18 ans et j'étais étudiante en BTS. Je venais de rencontrer mon copain de l'époque. Un jour, je ressens des douleurs comme une énorme gastro, donc je prends des médicaments, mais rien n'y fait. À la fin des cours, je rentre chez moi pour me reposer, mais ça empire ! Donc je décide d'aller aux urgences avec une amie. Après une attente interminable, on m'annonce que je suis enceinte… Je rentre dans mon septième mois de grossesse. Et là, c'est le choc, car pilule et préservatif à chaque rapport et j'avais toujours mes règles à date fixe, aucune prise de poids ni aucun changement physique. Et comme par magie, dans la nuit j'ai commencé à ressentir les mouvements du bébé et deux jours après mon bidon est sorti.

« Mon médecin me dit : « tu as le ventre d'une femme enceinte ». Pour moi c'était impossible, j'avais mes règles. Il me prescrit une prise de sang et demande à son collègue gynécologue de me faire une échographie le lendemain matin. J'étais bien enceinte et je n'ai fait que pleurer pendant tout le week-end. J'ai prévenu le géniteur qui ne m'a pas crue… Mon ventre est sorti d'un coup ! J'ai tout préparé en trois mois pour l'arrivée de mon Gabin. Et c'est la plus belle chose qui me soit arrivée. Je l'élève seule depuis le début, ma maman et mes sœurs ont été et sont toujours présentes quand j'ai besoin.

« J'ai 23 ans et je vais entrer à l'école de gendarmerie. Je bosse en tant que commerciale et je me lève très tôt (3-4 heures du matin). Je passe mes journées sur la route et en parallèle je fais ma préparation physique pour être au top à l'école de gendarmerie. À la visite médicale de l'école on fait un test urinaire, et là on m'appelle. On me sort « vous êtes enceinte » sur le coup je rigole. Deux tests plus tard, le résultat est toujours positif. Je n'y crois pas. Je fais une prise de sang et la médecin-chef militaire me dit : « Vous êtes enceinte d'environ un mois. Vous pourrez réintégrer la formation si vous décidez de vous en séparer. »

Pour moi c'était vite vu. J'attendais depuis des années d'entrer à la gendarmerie. J'ai pris rendez-vous à la clinique où on m'a dit : « Vous êtes enceinte de 12 SA + 5 jours, si demain on n'a pas d'anesthésiste vous ne pourrez pas avorter. » Je leur ai dit d'en trouver un et que mon choix était définitif. La mère de mon « copain » a essayé de m'en dissuader en m'assurant qu'elle s'en occuperait. Le lendemain j'ai été admise à l'hôpital où j'ai rencontré une psy et subi l'opération.

J'étais sûre de ce choix. Ce n'était ni le moment ni la bonne personne. Pour le déni, je n'ai rien vu, rien senti. Après coup, j'ai réalisé que j'avais pris un peu de poids, mais je mangeais beaucoup, car je me levais très tôt, j'étais aussi constipée. Ma mère a eu un doute une fois lorsqu'elle a vu que je demandais un jus d'abricot dans un bar (elle en buvait lorsqu'elle était enceinte de moi). Dès que j'ai su que j'étais enceinte, mon ventre est sorti direct. Avorter suite à ce déni est un choix que je n'ai jamais regretté.

❰❰ J'ai vécu un déni de grossesse après avoir eu 3 enfants, je ne pensais pas cela possible. À Noël, mon ex-mari quitte la maison me laissant seule avec mes enfants, dont un petit de 16 mois. J'encaisse le choc.

Pour la Saint-Valentin, il revient et s'excuse. Je pardonne pour le bien de nos enfants et pour tenter de sauver notre mariage. J'avais 29 ans, cela faisait quatorze ans que nous étions ensemble.

La Saint-Valentin, le bouquet de fleurs, le dîner, des cadeaux… nous en venons à avoir une relation sexuelle (sous pilule, je précise). Deux semaines plus tard, il quitte définitivement la maison. Je continue ma vie, ma routine : boulot, maison et enfants à gérer. La tête dans le guidon, petite déprime, je m'épuise au taf et dans le quotidien pour tout gérer de front. Je perds du poids (7 kilos). Je suis fatiguée, je fais la fête, je sors, je bois, je fume… sale période. Je ne fais absolument pas attention à moi. Un matin, je fais un malaise et ma petite sœur m'oblige à aller aux urgences. Le docteur vient me voir et m'annonce que je suis enceinte, j'explose, je deviens limite agressive en affirmant que c'est impossible. Une gynécologue me fait une échographie et elle me montre l'écran. Là, c'est le choc de ma vie, je vois un bébé formé, des bras, des jambes : un petit bébé très vif… Je suis enceinte de 22 semaines.

Je ne cesse de répéter que ce n'est pas vrai que ce n'est pas possible. Je lui dis que je ne veux pas sortir de l'hôpital avec « ça dans le ventre ! », elle me répond que c'est trop tard, c'est impossible. Puis elle me dit : « On a la chance d'habiter à la frontière de l'Espagne, je peux vous conseiller une clinique privée, mais cela vous coûtera plus de 2 000 € et je ne suis pas sûre que vous en sortiez vivante. Il y a des risques surtout aux vues de vos antécédents ! »…

Je pleure non-stop pendant trois jours, mes enfants ne comprennent rien. J'ai peur, je pense même accoucher sous X. Je ne me vois absolument pas élever un quatrième enfant seule. J'en parle à mes proches et mon père me dit « Si un jour on croise quelque part un enfant qui te ressemble ou qui ressemble à tes enfants, on se demandera toujours si ce n'est pas lui ou elle ! » Quelques heures plus tard, je me suis tordue de douleurs, je pensais faire une fausse couche. En fait, mon cerveau acceptait la grossesse, mon ventre de femme enceinte est sorti d'un coup. J'ai réalisé que j'allais avoir un bébé. Je me suis donné à 1 000 % pour bien vivre cette fin de grossesse, j'ai continué à travailler jusqu'à la fin. Elle a été un super bébé, même si elle avait besoin d'être collée à moi, toujours portée en écharpe. C'est une enfant calme et discrète. Elle n'a jamais connu son géniteur qui n'a jamais voulu entendre parler d'elle.

‹‹ Direction les Pays-Bas pour quarante-huit heures. En France, impossible d'avorter à cinq mois. Jusqu'à une semaine du départ, je n'avais aucun symptôme. Puis mon ventre est sorti. Aux Pays-Bas, l'accueil a été parfait, que ce soit la psy ou l'équipe médicale pour l'opération. J'ai pu être opérée malgré le J + 1 du délai. La suite a été compliquée, car mon corps avait changé en quelques jours, mais je ne regrette pas mon choix, car je n'aurais pas pu offrir une vie comme j'aurais voulu à mon enfant. Je pense souvent à ce petit garçon que j'ai fait partir à plus de cinq mois. Ai-je fait une erreur ?

Je ne le saurai jamais.

« J'étais sous pilule et ça faisait sept ans que j'étais avec mon copain. Un jour, il me fait une blague en me demandant si je suis enceinte parce que je suis très gourmande. Je lui réponds que j'ai juste bien mangé. Puis il voit la fameuse ligne brune sur mon ventre et il me dit « les seules fois où j'ai vu ça c'était sur des femmes enceintes ». On a moins ri, mais j'étais loin de m'imaginer ça. Je fais un test et on voit les deux barres s'afficher ! On discute avec le médecin et on lui fait comprendre qu'on ne veut pas garder le bébé (je venais d'avoir 22 ans, lui 25). Il nous parle des différentes possibilités par rapport à l'avancée de la grossesse (IVG médicamenteuse ou chirurgicale) puis on part chez le gynéco, et là… surprise.

Le gynéco tout content nous annonce que la grossesse est bien avancée et à l'écran nous voyons un bébé bien formé. À ce moment-là je comprends qu'il n'y a pas de retour en arrière, pas d'IVG médicamenteuse ni chirurgicale. Mon chéri malgré le choc demande si le bébé va bien. Le gynéco confirme et nous demande si nous voulons connaître le sexe. On était sous le choc, je pense qu'il ne voyait pas notre détresse. Il nous dit en souriant « Oh c'est une petite fille en pleine forme. » Je n'arrive pas à sourire ou à être émue. J'étais à 21 SA. Arrivée dans la voiture, je m'effondre. Lui appelle sa mère et je le vois au loin pleurer. On n'arrive même pas à se dire un mot, juste se regarder dans les yeux.

Le lendemain, je commence à culpabiliser parce que j'avais bu un verre de vin rouge pour mon anniversaire dix jours plus tôt. Je l'ai accepté plus vite que mon copain. Je commençais à créer des liens avec ma fille, je lui parlais tous les soirs, et m'excusais de ne pas avoir su plus tôt. Et je lui expliquais pourquoi papa et maman avaient eu du mal à accepter la grossesse que ce n'était pas de sa faute. Aujourd'hui notre fille a 3 ans et c'est notre plus belle réussite à tous les deux. Nous sommes les plus heureux. Et finalement depuis son arrivée que ce soit professionnellement ou personnellement elle nous a rendus meilleurs. On était tous les deux perdus. Étudiants sans vraiment savoir où on voulait aller. Ça a été notre motivation. On voulait le meilleur pour elle et ça passait forcément par notre bien-être à nous.

« J'avais 20 ans quand un soir vers 1 heure du matin j'ai perdu du liquide, je pensais avoir fait pipi sur moi. Ensuite j'ai ressenti des maux de ventre insoutenables, j'ai souffert toute la nuit ! Le lendemain, j'appelle une amie pour qu'elle m'emmène aux urgences. À mon arrivée on suspecte une infection urinaire, puis on me transfère en gynécologie où une sage-femme me palpe le ventre et me dit « je sais ce que c'est, pas besoin de vous faire une échographie ». On s'est regardées avec mon amie d'un air étonné... Elle me dit : « Vous êtes enceinte de trente-huit semaines, vous êtes en train d'accoucher. » Des larmes de panique ! Des grosses, grosses larmes ! J'ai 20 ans, je suis encore étudiante, pas de situation financière stable, même pas un body pour l'enfant. J'ai accouché d'un petit garçon et j'ai dû trouver un appartement au plus vite, acheter des affaires et tout le nécessaire. Aujourd'hui je peux dire que ça a été une période très dure pour moi, mais en même temps la plus belle. Aujourd'hui, je remercie Dieu de m'avoir donné cette merveille. Le corps d'une femme est incroyable ! J'ai eu zéro symptôme, et j'ai eu mes règles tous les mois.

LE SUIVI GYNÉCOLOGIQUE

En général, tu as un rendez-vous par mois chez le gynécologue, ou chez la sage-femme si aucune pathologie pendant la grossesse n'est détectée. Tu dois apporter avec toi tes dernières prises de sang et ta dernière échographie. Et ton mec si possible, quatre oreilles ne sont jamais de trop !

« Bonjour Madame Martins,
vous avez l'air fatiguée.

– Je ne suis pas fatiguée
je suis juste enceinte co... »

Bon en réalité, il y avait ce que je pensais et ce que je répondais réellement :

« Bonjour Docteur, oui c'est vrai
je dors mal en ce moment.

– Ah profitez-en pour dormir,
après quand il sera là ce sera trop tard ! »

Et bim...

Retenez-moi mes hormones bouillonnent, je commence à transpirer des aisselles je le sens et les plantes crèvent autour de moi !

« Déshabillez-vous, on va regarder ça. »

Le « on va regardez ça » consistant en ces fameux doigts pour vérifier l'état de ton col. Ton/Ta gynécologue c'est Ken le Survivant à ce moment-là :

« Approchez, encore, encore, voilà, maintenant détendez-vous. »

Me détendre ? Je suis allongée sur une table d'examen les cuisses écartées, mon épilation du maillot approximative et mon ventre qui me cache ce que tu fais, et tu veux que je me détende ?

Après tout, ça ne dure jamais très longtemps, il vérifie le col et en deux minutes, c'est plié. Lors de ma première grossesse, la sage-femme ou le gynécologue vérifiait le col de manière systématique, lors de chaque consultation. Aujourd'hui on ne vérifie que s'il y a douleur, gène ou grossesse à risque. Pendant ces deux minutes que dure l'examen, il me sort des mots techniques du genre :

« Col long. Ferme. Paroi gauche irritée. 28 cm. »

Je ne comprends rien, mais je hoche la tête. Quand j'y repense, t'as l'impression que le mec te fait une visite d'appartement !

« Alors sur la gauche on a un couloir plutôt étroit qui ouvre sur une salle à manger spacieuse, mais froide en raison d'un pont thermique

> lié à l'isolation des combles perdus
> qui manquent de ouate de cellulose ! »

Jusqu'au moment tant redouté :

> « C'est bon, vous pouvez vous rhabiller
> et monter sur la balance. »

Ça y est. On y arrive.

> « Alors ?
>
> – Euh je ne sais pas docteur,
> je n'arrive pas à voir le chiffre.
>
> – Voyons voir... 67,3 allez on arrondit à 67
> vous avez vos chaussettes et votre tee-shirt
> on va dire que ça pèse 300 grammes tout ça.
>
> – Super, merci. »

J'ai mangé quatre Bounty aussi sur le trajet, on peut pas retirer encore 200 grammes ?

> « Va falloir faire attention Madame Martins,
> vous avez pris quatre kilos en un mois. »

Et re-bim, un bon gros coup de pression, parce que le « va falloir faire attention » veut dire : « Arrête de dégommer le paquet de biscuits au chocolat avec des olives à 22 h 30 devant la télé si tu veux pas que ma balance indique ''ERROR'' la prochaine fois. »

Des biscuits au chocolat avec des olives. Vous imaginez ? Essayez encore... Ça vous paraît écœurant ? Pas tant que ça, vous allez voir qu'une femme enceinte peut avoir une imagination débordante en termes d'associations alimentaires.

Vous l'aurez compris : ne sous-estimez pas l'imagination gustative d'une femme enceinte…

C'est très puissant.

Et vous les filles ?

Cornichons et Nutella

Chips au paprika et Nutella

Gâteau au chocolat avec du fromage

Camembert et Nutella

Dattes et cornichons

Asperges et Nutella
#LENUTELLAÇAVAAVECTOUT

Chamallows avec du chorizo

Avocat et ketchup

Petits Princes avec du salami

Frites et glace vanille

Maquereaux et kiwi. (Désolée, on va de plus en plus loin dans le gore !)

Ananas et réglisse

Pâtes avec du miel

Cornichons avec du miel

Frites dans une compote de pomme

Saucisson et lait à la fraise

Frites dans du Coca-Cola

ÉCHOGRAPHIES

Théoriquement et en l'absence de pathologie durant la grossesse, le gynécologue prescrit trois échographies à 12 SA, 22 SA et 32 SA. Chacune a un objectif bien défini. Surveiller l'évolution du fœtus. J'ai toujours eu plus d'échographies que ces trois-là, surtout pour ma première grossesse. J'ai régulièrement atterri aux urgences de maternité parce que je m'inquiétais. Soit parce que j'avais l'impression de moins sentir le bébé, soit parce que ça me tirait… toutes les excuses étaient bonnes pour finir aux urgences, faire une échographie, la voir et être rassurée. J'avais presque une carte de fidélité :

« Ah c'est vous Madame Martins, venez, je vous sers un café ? »

Plaisanteries mises à part, c'est une recommandation du personnel médical. Au moindre doute, à la moindre inquiétude : direction les urgences maternité. Ils ne vous en voudront jamais de venir pour rien, au contraire. Une maman rassurée et apaisée c'est le top pour le bébé !

J'étais plus détendue lors de ma deuxième grossesse, et lors de ma troisième grossesse j'étais au max de la détente, mojito sans alcool à la main. Je connaissais les sensations, je n'étais plus plongée dans l'inconnu. L'inconnu on le sait ça fait peur et je n'avais plus peur pour les grossesses suivantes.

LES CHANGEMENTS PHYSIQUES ET ÉMOTIONNELS

*Ou comment je suis passée
d'une peinture romantique à Picasso !*

LES NAUSÉES

« T'as envie de vomir, t'es enceinte ? »

Quelle femme n'a pas déjà entendu cette remarque ? Alors qu'en vrai tu as juste une bonne gastro ou une belle intoxication alimentaire.

Eh bien, figurez-vous que ce n'est pas tout à fait faux non plus ! Si les trois premiers mois sont souvent les plus angoissants, ce sont aussi ceux où tu souffres le plus de nausées, ce n'est pas systématique, et encore heureux, mais beaucoup de femmes passent leurs premiers mois de grossesse sur un bateau de croisière, non, un catamaran plutôt. Ça a l'air fun comme ça, mais essaye de passer douze semaines sur un catamaran en plein Atlantique…

Je fais partie de ces femmes qui ont souffert de nausées les premières semaines, plus précisément entre la sixième et la douzième semaine d'aménorrhée.

D'ailleurs, petite parenthèse sur les semaines d'aménorrhée et semaines de grossesse... on s'y perd totalement ! Entre le gynécologue et l'hôpital qui comptent les semaines de grossesse, l'obstétricien les semaines d'aménorrhée et ton chéri qui compte sur ses doigts en maya... on s'en sort plus. Les gars, mettez-vous d'accord !

Plus sérieusement, pour les semaines d'aménorrhée on compte à partir du premier jour de vos dernières règles. Pour les semaines de grossesse, on compte depuis le jour de la conception, mais cette date est plus difficile à déterminer.

Bref, revenons à nos nausées, enfin plutôt les vôtres, les miennes sont derrière moi et j'en suis ravie.

Ce n'est vraiment pas une partie de plaisir et le pire c'est qu'il n'existe pas vraiment de médicament miraculeux contre les nausées de grossesse. Ça paraît tellement interminable que certaines d'entre vous m'ont même avoué avoir eu des pensées négatives pendant cette période, du genre : « Mais pourquoi est-ce que j'ai fait un enfant ? », « Je veux mourir, je ne tiendrai jamais. » Déjà, ne culpabilisez pas d'avoir ce genre de pensées, à force d'enchaîner les nausées avec ou sans vomissements on est à bout physiquement et psychologiquement, c'est donc parfaitement humain d'avoir ce genre de sentiments.

Ce qui marchait un peu dans mon cas (mais malheureusement pas miraculeux non plus) c'était de l'eau gazeuse mélangée avec du jus de pomme et les granulés homéopathiques *Nux vomica* 9 CH que vous pouvez trouver en pharmacie avec ou sans ordonnance (non remboursé par la Sécurité sociale).

Alors évidemment vous allez entendre tout un tas de conseils pour les soulager, du genre :

- De l'eau avec du citron. *Au bout de douze semaines c'est sûr t'as plus de nausées... mais t'as plus de dents non plus !*
- De l'eau avec du citron et du gingembre. *Ben là t'as plus de dents... et plus d'estomac !*
- Mâcher un chewing-gum. *Alors ok... mais il paraît que ça donne des gaz. Vomir ou péter il faut choisir.*
- Manger toute la journée (ah ouais quand même). *Vomir ou grossir... il faut encore choisir ?*
- Manger une carotte crue. *Les machos, calmez-vous, on parle de légumes, là.*
- Sentir de la menthe poivrée. *C'est une variété de menthe pour ceux qui ne savent pas. N'allez pas snifer du poivre sur des feuilles de menthe ou vous parfumer à la lacrymo !*
- Boire de l'eau gazeuse... pour faire roter. *Classe ! Et comme on dit : il n'y a pas de fumée sans rototo !*
- Manger un gâteau au réveil avant de se lever du lit. *Au bout de huit jours, ton chéri a l'impression de dormir avec Mercotte ! Ton matelas c'est un mille-feuille !*

- Manger des noix au réveil avant de se lever du lit. Bon bah là c'est Disneyland... ton chéri se lève définitivement à côté de Tic & Tac !
- Tic-Tac menthe. Mais je ne sais pas si c'est avant ou après avoir vomi par contre !

LA PRISE DE POIDS

Un autre inconvénient de la grossesse, c'est le changement physique : la prise de poids plus ou moins importante. Et vous verrez qu'il n'est pas rare que votre chéri vous suive dans cette démarche !

> Beh dit donc chéri ?
> Tu ne m'avais pas dit !
> Il est prévu pour quand le tien ?

C'est ce qu'on appelle la « couvade ». Loin d'être une maladie, c'est un phénomène assez courant en fait. Disons que nos hommes ont des envies alimentaires, un genre de symptôme d'empathie par rapport à la grossesse de leur femme. Quand je vous dis que le corps humain est dingue.

Pour chacune de mes grossesses j'ai pris entre 12 et 14 kilos, dans le médical on estime que c'est une prise tout à fait raisonnable. J'ai surtout pris beaucoup de poids le premier trimestre, parce que les nausées me donnaient envie de manger. Quand j'avais le ventre plein, ça allait mieux. De plus j'avais souvent très faim et malheureusement pas toujours envie de fruits ou de légumes, mais plus de paquets de biscuit et de pains au chocolat. Je mangeais tout, je me croyais dans *SOS Fantômes*. Je ne vous fais pas un dessin, vous voyez ce que je veux dire. Les kilos s'installent très vite et le corps médical te dira que ce gras est nécessaire pour l'allaitement (un sujet qu'on abordera plus tard).

> **Et vous les filles, vous avez pris combien ?**
> - « 5-9 kilos »
> - « 10-15 kilos »
> - « 10-15 kilos »
> - « 30-45 kilos »
> - « 1,5 tonne » *#FAKENEWS*

ACCEPTER LE CHANGEMENT PHYSIQUE...
OU PAS !

La prise de poids est une chose, le changement physique en est une autre. Cela va souvent ensemble je vous l'accorde, mais pas toujours. On peut prendre seulement 10 kilos et avoir un double menton. C'était mon cas et je détestais ce double menton, j'avais l'impression d'avoir deux bouches, ce n'était pas humain. Les seins doublent de taille (en même temps que les yeux de Chéri), les fesses aussi (c'est encore Chéri qui était content, il avait l'impression d'être avec une des sœurs Kardashian), la rétention d'eau fait doubler tes pieds et tes chevilles... bref, il te manque juste un peu d'hélium et tu t'envoles !

Je jalousais ces femmes enceintes qui arrivaient à porter des talons, qui avaient un ventre tout petit tout mignon et aucun double menton à l'horizon. Moi, je me sentais lourde, très lourde, et hop un petit pain au chocolat pour le moral. Je ne me suis jamais autant réfugiée dans la nourriture pour trouver du réconfort. J'avais des crises par moments et je pouvais avaler trois pains au chocolat d'un coup voire un kilo de lasagnes. Je vous raconte ça parce que je l'ai fait. J'avais des coups de folie comme ça où je pouvais manger beaucoup. Même le chat n'osait pas m'approcher… sûrement par peur que je le mange lui aussi. Parfois je me cachais pour manger et pour éviter les remarques du genre : « Tu manges encore ? », « Mais t'en as déjà mangé un. » Les kilos sur la balance montaient à une vitesse phénoménale, surtout les premiers mois pour ma part.

❰❰ C'est le syndrome TGV : T'élargir à Grande Vitesse !

Mon gynécologue me disait :

« L'idéal c'est un kilo par mois et vu que souvent les femmes enceintes prennent plus le dernier mois ça peut aller jusqu'à 12 kilos en tout. »

« Euh Docteur, je suis déjà à plus 6 kilos alors que je ne suis qu'à mon troisième mois, on fait comment ? »

« Écoutez Madame, on va couper l'excédent ou alors la prochaine fois ne mettez qu'un seul pied sur la balance. »

Faire culpabiliser les mères commence déjà pendant la grossesse, ce fichu moment où l'on entend :

« Montez sur la balance Madame. »

« Alors ? »

« Euh, je ne sais pas docteur,
je n'arrive pas à voir ! »

PARLONS-EN de tout ce que vous ne pouvez plus voir pendant votre grossesse, surtout les trois derniers mois.

Déjà ton poids sur la balance (tu me diras ça c'est pas plus mal).

Ta vulve... oui oui ta vulve, tu sais qu'elle est là, mais tu ne la vois pas. Alors, regarde-la bien avant, après tu ne pourras plus, ce qui n'est pas pratique quand tu dois t'épiler. Alors deux options, soit tu laisses pousser et l'Amazonie n'a qu'à bien se tenir, soit tu te rases à l'aveuglette, mais tu risques de te retrouver avec la coupe de Snoop Dogg en guise de mounette ! Et je ne sais pas si tu l'as déjà fait, mais le résultat est phénoménal. Bien sûr, vous avez l'option esthéticienne, mais si vous êtes douillette comme moi, je ne vais pas vous rassurer, pendant la grossesse j'étais dix fois plus douillette encore. Vous l'avez compris j'ai opté pour l'option « à l'aveuglette » au moins ça amusait chéri et on rigolait bien.

⟶ Âprès le ticket de métro,
le pass neuf mois pour jardiland !

Les pieds, tu n'arrives plus à les voir. Bizarrement cela ne m'a jamais dérangée. Je suis podophobe. J'ignore si cette phobie est reconnue par les psys, mais je vous assure que ça existe, j'en suis la preuve. Les pieds me dégoûtent, me font peur, comme si je pouvais me faire attaquer à tout moment par des pieds. Il n'y a que les pieds de mes enfants qui ne me dégoûtent pas, du moins les deux premières années… Bref, on s'éloigne du sujet. Limite tu dors avec tes pompes parce que tu sais que tu vas galérer à les remettre le lendemain ! Tu as la souplesse d'un hippopotame et tu fais tes lacets à l'aveugle en rêvant d'avoir des scratchs. En gros, plus les mois passent, moins tu vois le bas de ton corps.

LES CHEVEUX ET LA PEAU

Certaines vont avoir une jolie peau tout au long de la grossesse, une chevelure de rêve, douce et brillante faisant de l'ombre à celle de Raiponce. Pour d'autres c'est le retour à la puberté : peau grasse, acné, rougeurs, tâches, cheveux gras et ternes.

> Raiponce, mais plutôt
> en mode confinement quoi.

C'est injuste, mais c'est ainsi, pour le coup il n'y a rien à faire, à part espérer faire partie du « bon » camp. C'est Dame Nature qui décide. J'ai toujours souffert d'acné. Le genre d'acné que tu as lors de la puberté, et bien chez moi ça ne s'est jamais arrêté, sauf pendant mes grossesses. Quel bonheur ! Je pouvais enfin découvrir ce qu'était une peau douce, sans acné, sans boutons douloureux qui clignotent tels des gyrophares. Côté cheveux, pareil, ils étaient brillants, doux avec une belle masse.

J'ai savouré cette nouvelle peau, ces jolis cheveux, néanmoins je ne me sentais pas désirable. Je ne pouvais pas associer mon corps, mon état actuel avec le sexe. Je portais la vie, je ne pouvais pas être attirante. Ça allait au-delà de mon état physique. C'était psychologique.

Le changement physique inclut aussi très souvent les taches de grossesse. Ces fameuses taches (ou masque) de grossesse sont fréquentes et apparaissent essentiellement à l'exposition au soleil. Les taches sont brunes (plus ou moins foncées) et situées généralement autour des yeux, au niveau du front, du nez et au-dessus de la lèvre supérieure. J'ai eu des taches de grossesse essentiellement sur le front pour ma part, je ne vous cache pas que la crème solaire et moi ça fait deux. J'appliquais la crème solaire une fois sur deux alors que c'est pourtant la meilleure arme pour éviter de ressembler à un dalmatien.

Personnellement je ne les ai pas trouvées laides, j'avais juste peur qu'elles ne disparaissent pas. On entend tout un tas de choses sur ces taches, certaines disent qu'elles ne partent plus, alors que pour ma part elles ont disparu...

Aujourd'hui, sur le marché des cosmétiques, il existe de nombreuses huiles, des crèmes et des sérums qui traitent spécifiquement ce problème. Il n'y a rien de miraculeux, mais ça peut aider. Dans mon cas, elles ont toutes disparu au bout de plusieurs mois. De la patience, de la rigueur dans l'application de la crème et hop elles sont parties comme elles étaient venues. Si elles ne partent pas malgré tout, n'hésitez pas à consulter un dermatologue, la technique du laser peut être une option.

Je ne sais pas du tout s'il y a un rapport, mais j'ai remarqué que mes taches avaient disparu quasi en même temps que la ligne brune sur mon ventre, aussi appelée en latin : *linea nigra*. Cette ligne, quand tu regardes sur Internet, on te dit qu'elle disparaîtra au bout de quelques semaines. Pour ma part, elle est restée bien visible pendant environ six mois.

Et là encore c'est la roulette russe, certaines femmes ne l'ont pas du tout et chez d'autres elle est plus ou moins marquée. Il paraît que plus la femme est mate de peau, plus cette ligne sera foncée.

La mienne était relativement peu marquée. J'ai trouvé qu'elle était plus foncée lors de ma deuxième grossesse, d'ailleurs coïncidence ou non, j'avais également plus de taches de grossesse et des mamelons plus foncés. Un rapport avec le fait que j'attendais un garçon ?

Rappelons-le, les taches brunes, la ligne brune, les mamelons qui foncent, tout ça est dû au changement hormonal, plus précisément à l'augmentation de l'hormone mélanotrope (qui régule la mélanine) sécrétée par le placenta.

Houla ! je sens que je vous perds là…

❮❮ En gros les hormones font ce qu'elles veulent, laissez faire la nature, vous ne ressemblerez pas à un zèbre promis.

Et vous les filles,

vous avez eu une *linea nigra* ?

Changement de couleur des tétons et *linea nigra* également. C'était un garçon. Elle a disparu au bout de trois mois.

Linea nigra et mamelons marron pour fille et garçon.

Tétons plus foncés et les poils sur le ventre aussi. C'était un garçon.

Pas de *linea nigra*, mais changement de couleur des mamelons et j'ai eu deux filles.

Actuellement enceinte de huit mois, j'ai cette fameuse *linea nigra*, mes mamelons se sont élargis et sont devenus marron. C'est une fille.

Pas de *linea nigra*, aucun changement au niveau des mamelons.

Elle est apparue au sixième mois de grossesse et je l'ai toujours onze mois après avoir accouché.

Linea nigra et j'ai encore une trace deux ans après.

Changement de couleur pour les deux, mais encore plus pour mon fils.

Pas de *linea nigra*, ni de changement de couleur des mamelons pour mes trois garçons.

LE PLUS GLAMOUR DES SUJETS : LES HÉMORROÏDES

Bon, pas la peine de vous faire un dessin, tout le monde voit ce que c'est qu'une hémorroïde ? Non ? Des indices ? Ok ! C'est une chose qui ne vient pas de l'espace (ça, ce sont les astéroïdes), mais qui est pourtant tout proche d'un trou noir ! Toujours pas ?

En gros, c'est une petite boule de peau qui sort de votre anus (plus précisément une veine qui se dilate) et qui peut faire mal et même saigner parfois. Ce n'est pas systématique, certaines femmes ont des hémorroïdes indolores et internes. Je n'en ai jamais eu, mais un grand nombre de femmes en souffrent (entre 30 % et 40 % d'après *Santé magazine*) pendant leur grossesse ou à la suite de l'accouchement, à cause de la pression artérielle élevée. Savoir que c'est une pathologie fréquente peut nous aider à relativiser et à en parler à notre médecin ou gynécologue pour qu'il puisse prescrire un traitement adapté. Donc pour la petite bou-boule aux fesses, ne vous inquiétez pas mesdames, ils en ont vu d'autres !

Bon, vous l'aurez compris, les hémorroïdes c'est la merde (c'est le cas de le dire), mais il existe plusieurs traitements possibles entre crèmes, suppositoires, homéo-pathie et médecines douces à essayer avant d'envisa-ger une opération. Dans tous les cas, parlez-en à votre médecin, il saura vous guider. Et puis, pas de panique, n'oubliez pas qu'en moyenne entre 60 et 70 % d'entre nous n'en auront pas !

Et vous les filles.

ça vous est arrivé ?

J'ai eu des hémorroïdes à mon huitième mois de grossesse. Mon bébé a bientôt 3 mois et impossible de m'en défaire.

Ça a commencé vers la fin de la grossesse. L'horreur, mais rien à côté de l'après. Un an après avoir accouché, j'en ai encore.

Vers six, sept mois. Pas douloureux, mais gênant.

J'en ai eu deux et les glaçons m'ont beaucoup soulagée.

Vers mon cinquième mois de grossesse. J'ai dû me faire opérer. Mais c'est revenu lorsque j'étais enceinte de mon deuxième.

J'en ai eu lors de la poussée pour mon deuxième accouchement et depuis elle n'est jamais réellement partie.

Vers le cinquième mois et je n'ose pas en parler, je souffre en silence.

J'en ai eu à partir de mon septième mois de grossesse et ma sage-femme a dit : « Waouh ! » quand elle l'a vu. Elle était énorme.

J'en ai eu dès le début de grossesse, mais c'est parti tout seul après mon accouchement.

Depuis mon début de grossesse et plusieurs mois après l'accouchement. Plus douloureux qu'une épisiotomie.

REMONTÉES ACIDES

Puisqu'on est sur les sujets glamour autant enchaîner sur un deuxième, à savoir : les remontées acides. T'es plus une femme, mais un geyser !

J'ai eu des remontées acides pour ma deuxième grossesse. Mon bébé avait la tête en haut jusqu'à la trente-septième semaine (ce qui équivaut à huit mois de grossesse), et contrairement à ma première grossesse j'ai réellement souffert de ces remontées acides. Bon à priori pas d'incidence entre position fœtale et RGO (reflux gastro-œsophagien). En revanche au troisième trimestre, il y a plus de reflux du fait du volume du bébé. Pour ma part, ces remontées acides se manifestaient par des brûlures d'estomac et des rots, des rots à répétition.

> Quand je vous dis qu'on est au max du glamour, je ne vous mens pas.

Le soir, je pouvais enchaîner les rots, mais pas un rot tout mignon, tout discret qu'on entend à peine. Non, je parle de vrais rots, mon homme appelait ça « des rots de camionneurs ». J'en rigolais parfois, mais c'était gênant et cette brûlure qui me remontait jusqu'à la gorge me donnait une excuse de plus pour me jeter sur les biscuits au chocolat que j'achetais par dizaines et que je dégommais en deux ou trois soirées. Le sucre venait tapisser cette acidité et me soulageait. Mais plus je mangeais, plus je rotais et j'avais des remontées et plus j'avais envie de manger. Une histoire sans fin, un cercle vicieux.

« Les remontées acides ou brûlures d'estomac sont causées par le relâchement du cardia (le muscle qui ferme le haut de l'estomac) lié aux pressions du bébé.

La vidange de l'estomac est ralentie. » Voilà ce qu'on peut trouver comme explication dans divers articles sur Internet, notamment sur le site Passeport Santé. Selon une croyance répandue, c'est signe que bébé a beaucoup de cheveux. J'imagine même pas la maman des Jackson Five dans ce cas !

Bon. je ne me prononcerai pas à ce sujet, je vous laisse deviner mon avis.

Et vous les filles.

ça vous est arrivé ?

J'avais l'impression d'avoir un dragon cracheur de feu à l'intérieur de moi.

Ça me brûlait tout l'œsophage, je devais rester assise. Horrible.

Pendant quasi toute ma grossesse et essentiellement le soir.

Tous les soirs à partir de mon cinquième mois, à en pleurer !

Surtout en fin de grossesse, avec des rots désagréables.

J'avais l'impression que ma gorge me brûlait, en plus bébé était en siège donc sa tête appuyait sur mon estomac.

Sensation de brûlure accompagnée de vomissements.

Je dormais carrément assise tellement c'était insupportable la nuit.

Je n'avais pas de rots, mais une sensation de brûlure qui remontait tout le long de ma gorge.

CREVÉE COMME JAMAIS !

J'étais très fatiguée tout au long de mes grossesses et bizarrement encore plus pour ma première grossesse. Surtout les trois premiers mois. C'était incroyable à quel point je n'arrivais pas à quitter mon lit le matin. Je me traînais toute la journée. Je m'en voulais parfois d'être si fatiguée, mais j'ai un chéri en or qui me rassurait sans arrêt :

> « C'est normal, tu es enceinte,
> tu fabriques un bébé. »

Si tu n'as pas ce genre de chéri c'est moi qui vais te rassurer : tu es une magicienne, tu crées un bébé dans ton bidou, n'est-ce que pas incroyable ce que tu es capable de faire ? Alors pour ça, ton corps a besoin de repos, parce que non seulement il continue d'assurer ses fonctions habituelles, mais en plus il assure le développement d'un être humain. C'est fascinant ce qu'il est capable de faire. Si j'étais à sa place, je serais crevée… Alors dors si tu en as l'occasion, la vaisselle peut attendre, le linge aussi, ce magnifique bébé lui ne peut pas attendre, il sera là dans neuf mois, peut-être même avant.

Certaines femmes disent avoir un regain d'énergie le dernier trimestre, moi le mien m'a boycotté. Si comme moi vous souffrez de la thyroïde, ça n'aidera pas. Je suis en hypothyroïdie depuis mes 18 ans et pour en avoir discuté avec plusieurs d'entre vous, j'ai constaté que même sous traitement avec des valeurs stables lors des prises de sang, il se peut que des symptômes, tels que la fatigue justement, soient omniprésents. Je n'ai jamais consulté d'endocrinologue, si vous avez un bon généraliste qui s'y connaît et qui vous suit durant toute votre grossesse, c'est suffisant.

LE SEXE PENDANT LA GROSSESSE... NO STRESS

Quoi ? On est privées de sexe aussi pendant la grossesse ? Pas forcément, voire pas du tout, c'est en fonction de chacune.

Pour ma part c'était le néant. 99 % du temps, je me sentais asexuée, genre lézard. Aucun désir sexuel, et pire encore, plus bébé prenait de la place dans mon ventre, plus j'avais conscience de sa présence, plus j'avais l'impression que c'était malsain d'avoir des rapports.

Les rares fois où j'ai fait l'amour pendant ma grossesse, je ne pensais qu'au bébé dans mon ventre, je n'arrivais pas à lâcher prise. Je voyais le bébé faire du trampoline ! Je pouvais même ressentir des douleurs pendant l'acte, c'était clairement inconfortable.

❰❰ Donc, pour ma part, je ne peux pas dire que c'était un inconvénient de la grossesse étant donné que je ne ressentais pas d'envie je ne pouvais pas connaître le manque, donc pas de frustration.

Et vous les filles.

le sexe pendant la grossesse ?

Mon mari est au max, mais respecte mon manque de libido.
Bientôt il ouvrira plus la porte d'entrée avec ses clefs !
#PASSEPARTOUTRESPECTUEUX

Pas de libido et lui pareil,
ça le gênait par rapport
au bébé. **#PAUSECAFÉ**

Première grossesse libido très
ralentie, deuxième grossesse normale,
et troisième grossesse libido +++.
#LAQUATRIEMENEVAPASPLAIREAUXVOISINS

Pas du tout de libido contrairement à lui. En revanche, il attend
et respecte. Voilà un homme qui a des c... **#PATIENCE**

Je ne me sentais pas désirable. La grossesse soumet la future
maman à de nombreuses épreuves. Et celle-ci en est une.
#COURAGELESFILLES

Je suis devenue une vraie nympho. J'avais envie tout le temps
et du début à la fin. C'est mon mec qui n'en pouvait plus.
#AUBOUTDESAVIE

Tellement malade que pas possible d'avoir la tête à ça.
Le moins de secousses possible. #PERSONNENEBOUGE

Moi j'étais au taquet, mais mon conjoint était freiné
par le ventre, fallait pas qu'il le voit. Moi ça fait des années
que je suis gênée par le sien et je dis rien. #RHOOCESHOMMES

Au taquet et monsieur aussi.
Il a adoré mes courbes.
Notre chambre c'était un rodéo.
#RODÉOCLUB

Depuis le début
de ma grossesse,
aucune libido.
Je préfère
dormir seule.
#ADANS9MOIS

Aucune libido, j'espère d'ailleurs
qu'elle va revenir... Si quelqu'un
la voit. #PASDEPANIQUE

Pendant la grossesse ma libido n'a jamais été aussi puissante.
Comme un super pouvoir ! Une super libido. #LIBIDOWOMAN

Libido de folie. Envie tout le temps jusqu'à la fin.
On a changé 3 fois de voisins du coup... #LACHEZLESLIONS

ET L'HOMME DANS TOUT ÇA ?

Lui n'est pas enceinte. Lui n'a pas ce déséquilibre hormonal. C'est pas Thierry La Fronde non plus, on peut en parler avec lui. D'ailleurs, j'ai souvent abordé ce sujet avec mon mari pour connaître son sentiment. Il m'a avoué ne pas être à l'aise avec les rapports sexuels pendant la grossesse, parce qu'il avait peur. Les rares fois où nous avons eu des rapports pendant la grossesse, lui non plus n'arrivait pas à lâcher prise à 100 %. Je me souviens de ses questions :

« Ça va ? Je ne lui fais pas mal ? »

⟶ Vous l'aurez compris : c'était pas le pied.

Mais ne vous inquiétez pas pour autant messieurs, vous n'allez pas lui gratter la tête ou les pieds pendant la pénétration, la nature est bien faite.

Encore une fois, il n'y a pas de règle, chaque femme, chaque homme est différent et réagit différemment. Nous ne sommes pas des robots.

J'ai d'ailleurs appris en écrivant ce livre que dans certaines cultures, il était important d'avoir des rapports tout au long de la grossesse pour favoriser l'accouchement. Comme quoi les mœurs sont parfois différentes d'une culture à une autre, et s'il n'y a pas de contre-indications, alors pourquoi ne pas s'écouter, écouter son corps et vivre sa grossesse comme on le souhaite ?

Chapitre 3

UN BÉBÉ,

c'est que du

bonheur ?

GROSSESSE VERSUS SOCIÉTÉ

TU VERRAS, C'EST MAGNIFIQUE D'ÊTRE ENCEINTE !

Bon, je peux vous le dire, j'ai toujours détesté être enceinte. Tu sais quand tu vas travailler tous les jours juste pour avoir ton salaire à la fin du mois ? Bah moi c'est pareil, le travail c'est ma grossesse et le salaire mon enfant. Et si tu travailles bien, t'as peut-être une belle prime à la fin du mois.

J'ai rarement assumé le fait que je n'aimais pas être enceinte, que je n'aimais pas mes nausées, ma prise de poids, mes jambes gonflées, ma démarche de canard les derniers mois, ma baisse de libido, le manque des apéros, des cigarettes…

J'ai longtemps cru que ce n'était pas normal de ne pas aimer être enceinte. J'ai longtemps cru que ces mères qui vivent pleinement cette période aimaient peut-être plus leurs enfants que moi… jusqu'à ce que je devienne influenceuse et que je brise ce tabou en abordant le sujet ouvertement.

Et là j'ai compris que je n'étais pas la seule, que beaucoup de femmes détestent être enceintes, et je vous assure, le mot « détester » est faible comparé au ressenti de certaines, mais cela ne fait pas d'elles de mauvaises futures mamans ou des monstres. Non, cela fait de nous des femmes qui ont le droit d'avoir des sentiments différents en fonction de notre personnalité, de notre vécu et de notre grossesse tout simplement. Il y a certes des femmes qui ne prennent que 6 kilos (tout dans le ventre), qui ont une libido du tonnerre, qui n'ont jamais connu les nausées, qui pètent la forme jusqu'à la délivrance, mais il y en a d'autres qui sont alitées pendant des semaines voire des mois. Forcément ça change tout.

Je n'ai pas été alitée, je n'ai pas eu de problème en particulier, voire aucun et pourtant je n'ai pas apprécié être enceinte. On a le droit de ne pas aimer la période de gestation, ne laissez personne vous dire le contraire ou vous faire culpabiliser.

Ça va passer, et effectivement ça passe relativement vite ces neuf mois de grossesse, même si j'ai trouvé que la fin était assez longue. Peut-être parce qu'on sait que ça va arriver ! Un peu comme lorsque t'as envie de faire pipi depuis des heures, les dernières secondes jusqu'à ta porte d'entrée te paraissent interminables… Et bien là pour moi c'est la même, les deux derniers mois je les ai trouvés interminables. Et encore ce n'est rien comparé à toutes ces femmes alitées pendant des semaines ou des mois pour mener leur grossesse à terme.

$\longrightarrow$ En France, 10 % des femmes enceintes doivent rester alitées*.

---

*La Maison des Maternelles

Et vous les filles,

vous avez été alitées ?

« J'ai été alitée, car ma fille était déjà en position au milieu du cinquième mois et trop basse dans le bassin (la sage-femme sentait sa tête avec ses doigts). Du coup, j'ai dû rester couchée. Je n'avais le droit de me lever que pour me laver et aller aux toilettes. Étant au mois de juillet, ma sage-femme m'avait conseillé de prendre du temps dans la piscine et de me laisser flotter, de me détendre pour aider la petite à remonter un peu.

« Pour Bébé 1 et Bébé 2, alitée à cinq mois et demi de grossesse, car le col s'était effacé pour les deux et pour Bébé 2 le col s'était carrément ouvert.

J'étais serveuse pendant ma première grossesse et le rythme de boulot a eu raison de moi. Pour la deuxième grossesse j'ai eu deux gros moments de stress (ma grande, qui était compliquée à gérer, puis j'ai perdu mon papy subitement).

Au final, pour Bébé 1 j'ai eu une injection pour faire maturer ses poumons et elle est arrivée avec dix-sept jours d'avance et Bébé 2 est née prématurée à 34 SA + 5 jours. Mais aujourd'hui tout le monde va bien et c'est le plus important.

« Je suis masseuse et je venais de masser un homme d'1,90 m (je fais 50 kilos,) donc ça m'avait demandé un gros effort physique. Je suis ressortie éreintée avec un ventre dur et douloureux. Enceinte de onze semaines, j'appelle mon médecin qui m'arrête immédiatement. J'ai un utérus contractile[1] et ce n'est pas compatible avec mon métier. Au bout de plusieurs mois, il m'expliquera que si je ne m'étais pas arrêtée, j'aurais perdu mon bébé. J'ai vécu six mois couchée dans mon lit ou sur mon canapé. Alors oui, on s'occupait de moi, je pouvais jouer aux jeux vidéo, regarder la télé. Mais je me suis sentie infantilisée. Mon mari ne pouvait pas être présent la journée, c'est ma maman qui s'occupait de moi. Je l'ai vraiment mal vécu. J'ai accouché cinq semaines en avance avec un déclenchement et un accouchement traumatisant.

« J'ai dû rester au lit pendant ces sept mois... Je ne pouvais strictement rien faire sinon les contractions étaient de plus en plus fortes. Je l'ai bien vécu, car je savais que c'était pour une bonne cause. Mais j'étais tout de même stressée, car il fallait gagner chaque jour au moins jusqu'au sixième mois. Et au final, ma fille est arrivée... à terme !

« Pendant trois mois je suis restée jour et nuit allongée dans mon lit avec seulement le droit d'aller aux toilettes et de prendre ma douche. C'était très dur, j'en ai versé des larmes. Ma force c'était mon mari et de sentir mes filles bouger dans mon ventre. C'était pour leur bien, pour leur vie, il le fallait je n'avais pas le choix. J'ai finalement accouché à trente-quatre semaines.

---

1. C'est un dysfonctionnement impliquant que l'utérus se contracte anormalement avant la fin de la grossesse.

« Hospitalisation durant une semaine pour calmer les contractions. Plus un pied par terre depuis quatre jours, je dois faire pipi dans un haricot, au secours ! À la maison, j'avais le droit d'aller aux toilettes et de me doucher, sinon c'était allongée, car pour 26 SA le col est trop raccourci. Donc repos, repos, et les filles n'attendez pas si vous avez trop de contractions !

« Deux mois toute seule chez moi (mon mari travaillant beaucoup avant l'arrivée de bébé) sans voir personne, aucune visite (apparemment tu n'intéresses plus personne quand tu ne peux rien faire) incapable d'avoir une activité physique, incapable d'avoir une activité cérébrale (cerveau épuisé). En gros, j'étais confinée toute seule sans activité pendant que le reste du monde continuait de tourner. Ça a été pour moi le début d'une longue dépression, ma grossesse m'a coupé du monde et de la vie.

« J'ai vomi pendant les neuf mois, parfois 20-30 fois par jour, rien ne passait, j'allais jusqu'à vomir du sang. Je passais des heures à pleurer, personne ne pouvait rien faire pour moi. Je devais me reposer un maximum, rester couchée le plus possible et attendre d'accoucher, voilà ce que l'on me répétait.

« Alitée huit mois à cause d'une maladie de grossesse pas grave, mais pas sans conséquence : l'hyperémèse gravidique. Une maladie très mal connue en France contrairement au Canada et par chance la sage-femme qui m'a reçue avait fait ses études là-bas.

TU VAS VOIR, UN BÉBÉ
C'EST QUE DU BONHEUR !

Je crois que c'est la remarque la plus mensongère qu'on puisse te faire pendant la grossesse.

Un bébé c'est du bonheur, mais ça peut aussi et surtout être des pleurs inconsolables, des nuits à dormir trois heures en tout et pour tout, parfois ça dure des semaines, parfois des mois, ce sont des doutes constants, des remises en question en permanence…

Cette phrase m'a donné envie d'écrire ce livre, elle m'a donné envie de partager mon expérience, mais aussi celles d'autres mamans pour vous montrer qu'en fonction de chaque personne, de chaque vécu, de chaque bébé, cette phrase peut perdre tout son sens. Pire encore, elle masque et déforme la réalité. En tout cas, ce n'était pas ma réalité. Dès les premiers jours après la naissance de ma fille je me suis demandé pourquoi on m'avait sorti cette phrase aussi souvent.

PROFITE DE TON BIDOU,
IL VA TROP TE MANQUER APRÈS

Mon ventre de femme enceinte ne m'a jamais manqué, je n'ai jamais été nostalgique de mes grossesses. Je trouve d'ailleurs cette phrase culpabilisante. Il y a une injonction à trouver le corps des femmes enceintes magnifique et à être pleinement épanouie dans sa grossesse. Pourtant nous sommes toutes différentes et voir son corps se transformer peut être difficile à vivre. Tout cela est parfaitement normal, alors… normalisons-le !

ÊTRE ENCEINTE,
CE N'EST PAS UNE MALADIE

Indépendamment des remarques méchantes ou maladroites, il y a aussi les réactions, les actions ou plutôt les « non-actions ». Combien de fois avez-vous déjà entendu la phrase : « Être enceinte ce n'est pas une maladie. » ? Alors non, en effet, ce n'est pas une maladie, heureusement, mais ça peut rendre malade et ça peut être très pénible au quotidien, en fonction de certaines pathologies ou non d'ailleurs.

Prenons l'exemple des queues dans les supermarchés : les gens qui baissent la tête, qui regardent à l'opposé et qui feignent de ne pas te voir, par peur que tu leur demandes de passer devant… Je l'ai vécu. Je n'en fais pas une généralité, mais je l'ai vécu.

Ou encore dans les transports en commun, le type qui regarde subitement ses pieds quand il te voit monter dans le wagon par peur que tu lui demandes de te céder sa place.

Je ne demandais jamais à m'asseoir, j'avais honte, peut-être peur aussi de subir une remarque violente. Une amie à moi m'avait raconté comment sa copine enceinte avait demandé à un homme de lui céder sa place, ce à quoi il lui a répondu : « C'est moi qui te l'ai fait ton gosse ? »

Cette histoire m'avait marquée et je n'ai jamais demandé. Il y a aussi des personnes bienveillantes qui te laissent leur place ou qui demandent à voix haute : « Est-ce que quelqu'un peut lui laisser une place ? » J'ai souvent constaté que les femmes étaient plus bienveillantes à ce niveau, peut-être en connaissance de cause… Les vieux aussi. Combien de vieux m'ont proposé leur place, cela m'a toujours surpris. Le fameux « l'éducation se perd » prend alors tout son sens.

Plus le ventre est gros et impressionnant plus tu as de chance que la personne te cède sa place. Or je me souviens que le début de grossesse était infernal pour moi, plus dur que vers la fin. Entre les nausées et les douleurs ligamentaires jusqu'à l'aine, j'avais beaucoup de mal à rester debout longtemps. Et puis certaines femmes ont un « petit » (c'est évidemment relatif) ventre jusqu'à la fin de grossesse, donc comment estimer s'il faut ou non céder sa place ? C'est compliqué tout ça et il n'y a pas de règles, à part celle de sa conscience.

Pour la petite anecdote, j'ai déjà demandé : « Vous voulez prendre ma place ? » à quelqu'un qui m'a répondu : « Non je ne suis pas enceinte. » Énorme moment de solitude pour ma part.

« Je peux vous dire que depuis je réfléchis dix fois avant de proposer à quelqu'un de lui céder ma place.

LE MENU COMPLET
DES PHRASES INDIGESTES

« Je peux toucher ? »

Ah bah trop tard tu as déjà la main dessus.

« C'est trop mignon. Félicitations ! »

D'où vient cette manie de caresser le ventre d'une femme enceinte parfois même sans lui demander son autorisation ? Tu crois que c'est une boule magique qui va te révéler ton avenir ? Non, ça ne va révéler que le mien alors tu peux retirer ta main s'il te plaît ?!

Vous vous imaginez faire pareil avec le papa : « Oh c'est trop mignon, félicitations » et là vous lui caressez quoi ? Les testicules ? « Oh c'est mignon les belles cou-couilles, félicitations. » Non ! Alors pourquoi on se permet de le faire avec les femmes ?

« Tu vas accoucher bientôt non ?
– Ah non, il me reste encore 4 mois.
– Ah ouais quand même... »

Retenez-moi je vais l'insulter.

« C'est des jumeaux ?

– Euh non. Enfin, je ne crois pas. »

Cette phrase qui te met le doute et à laquelle tu cogites jusqu'à la prochaine échographie. « Vous êtes sûr que vous ne voyez pas un autre bébé ? Genre caché derrière ? »

« Vous êtes courageux, dans le monde dans lequel on vit ça ne donne pas envie de faire des bébés. »

Oh tu sais, nos parents et grands-parents ont connu deux guerres mondiales, la guerre en Angola, en Algérie, la guerre du Golfe, la faim, Tchernobyl, le krach boursier en 1929, les dictatures, l'apartheid, le terrorisme, Ébola, la grippe espagnole, le SRAS et la mort de Claude François… et pourtant tu es là, non ?

« Alors pas trop dégoûtés que ce soit une fille ? »

Bah en fait c'est une chance sur deux tu vois, et la science n'a pas encore trouvé un moyen pour nous de choisir. Mais au pire si ça nous plaît plus dans quelques années on la fera opérer pour lui greffer une courgette.

Je sais pas, mais qu'est-ce que tu veux répondre à cette question débile à part : « Oh tu sais, tant qu'il est en bonne santé… »

« J'espère qu'il aura les yeux bleus comme Papa. »

Oui c'est clair et l'intelligence de Maman.

« Tu veux allaiter ? »

Euh écoute, je veux déjà accoucher et puis après on verra. Tu ne veux pas non plus que je te donne le nom de son futur lycée ?

L'allaitement et le biberon font partie des sujets qui fâchent. Dans les deux cas, tu es certaine d'avoir des remarques. On reviendra dessus plus tard.

« Tu fais encore du sport ? C'est pas bon pour le bébé ça. »

Beaucoup de personnes pensent encore que la grossesse et le sport ne sont pas compatibles. J'ai vu des femmes enceintes s'entraîner avec des poids, courir, faire des abdos et avoir des bébés en parfaite santé. Tout dépend quel type de sportive vous êtes. Si vous faites du sport habituellement, continuez, avec l'accord de votre médecin évidemment. Si vous ne pratiquez pas de sport habituellement mieux vaut attendre la naissance pour s'y mettre. Les exercices doivent être maîtrisés et adaptés. D'ailleurs on trouve plein de vidéos sur Internet pour faire du sport durant la grossesse. Les séances sont adaptées aux mois de grossesse avec des étirements très intéressants.

« Profites-en pour dormir maintenant, après tu ne pourras plus. »

Cette remarque m'énerve tellement. Le nombre de nuits où j'aurais bien voulu dormir sans y parvenir. Des insomnies à répétition, les cauchemars, les contractions, ou encore les envies urinaires toutes les deux heures qui t'empêchent d'entrer dans un sommeil profond. Je voudrais bien dormir, je voudrais bien « profiter », mais tu vois, je n'y arrive pas.

LES INTERDITS PENDANT
LA GROSSESSE VERSUS LA RÉALITÉ

Et si on parlait de tous ces interdits pendant la grossesse ? Il y en a plusieurs et là encore chaque femme les vit différemment. Pour certaines, ce sera la cigarette le plus dur à arrêter, pour d'autres, ce sera le fromage non pasteurisé. Je ne parle pas des fromages qui ne vont pas à la messe le dimanche matin, mais bien des fromages dont le lait n'a pas été chauffé à 72 °C minimum, afin de limiter fortement le développement de la bactérie de la listéria.

TABAC, LE COMBAT !

Je suis fumeuse. Disons plutôt que je me considère comme une fumeuse occasionnelle, ponctuelle. La clope, en ce qui me concerne, c'est par périodes. Je peux passer des mois sans fumer, puis une période de stress va me donner envie de fumer. Cela me détend, me procure du plaisir. Un peu comme le sexe, oui c'est un peu ça ! J'ai commencé à fumer alors que je n'avais que 14 ans. Je me souviens de ma première cigarette, c'était pour faire comme les autres, me donner un air cool, respectable aux yeux des copains. Dans ma tête j'étais Sharon Stone dans *Basic Instinct*.

Le tabac est déconseillé pendant toute la grossesse. Je ne vous apprends rien, on le sait le tabac est mauvais pour le développement du fœtus. Si ce livre avait été une sorte de guide, je vous sortirais tout un tas de chiffres, de statistiques, de blabla qui expliquerait le pourquoi du comment. Ici nous allons nous contenter de recueillir quelques témoignages, à commencer par le mien.

L'avis d'Anny, médecin généraliste

« Avant même d'être enceinte, le tabac aurait un impact négatif sur la fertilité. Que l'on soit un homme ou une femme, arrêter de fumer augmenterait les chances de conception. Et une fois que le test est positif, on offre plus de chances au fœtus de bien se développer, prendre du poids et naître à terme. Bref, un projet de bébé est une excellente raison pour abandonner certaines habitudes. Oui sauf que ce n'est pas toujours facile ! Pour mettre toutes les chances de son côté mieux vaut se faire accompagner par un professionnel de santé (tabacologue, médecin généraliste, sage-femme, 3989, etc.) Il existe même des applis pour trouver des infos et du soutien au quotidien : "Kwit" ou "Smoke free". »

Pour ma part j'ai fumé quelques cigarettes pendant ma première grossesse, cela se compte sur les doigts d'une main, peut-être deux... Je me rassurais en me disant : « C'est normal, tu es stressée avec le travail, on te mène la vie dure, tu as le droit de craquer », « C'est normal que tu craques. » Cette phrase, je me la répétais en boucle pour me rassurer et surtout pour déculpabiliser. Parmi cette petite dizaine de cigarettes, j'ai dû en fumer deux en entier. J'allumais, je fumais un peu puis je l'écrasais. La culpabilité surgissait à chaque bouffée. Elle montait de plus en plus jusqu'à devenir insoutenable. Puis je l'écrasais et me répétais : « C'est normal que tu craques. » Le cerveau est incroyable, il trouve toujours des excuses pour te rassurer, une sorte d'instinct de survie, et ça marche plutôt bien.

Je fumais en cachette, parfois même à l'insu de mon mari, je n'assumais pas du tout de fumer avec un ventre arrondi. La culpabilité mélangée au regard des gens, je n'assumais pas. J'avais l'impression d'être la criminelle dans *Faites entrer l'accusé*.

Un comble, j'ai commencé à fumer pour me faire respecter et enceinte je me cachais pour fumer par peur qu'on me manque de respect.

Pourquoi je fumais ? Je vous l'ai dit : pour gérer mon stress... ou alors je n'ai jamais voulu admettre que j'étais accro, tout simplement. J'ai toujours préféré me voiler la face avec le fameux : « Moi ? Non, je fume juste par plaisir, occasionnellement. »

Je travaillais, j'avais la pression de ma cheffe, la fatigue des transports (deux heures par jour) c'est connu, le stress fait augmenter le besoin de nicotine, c'était mon cas.

Ah ça y est, même là je recommence à me trouver des excuses. En gros, j'avais une dépendance liée à mon anxiété et ça je l'ai bien compris lors de mes grossesses suivantes. J'étais beaucoup plus sereine et donc à aucun moment je n'ai ressenti l'envie de fumer.

L'avis d'Anny, médecin généraliste

« Pour d'autres, ça va être le cannabis qui sera difficile à arrêter, même quand on sait que c'est nocif pour le fœtus.

Cannabis et grossesse = mauvais ménage.

Il existe peu de suivis de femmes enceintes fumant du cannabis à l'heure actuelle en France. Du coup il n'y a pas de réelles études qui donnent une quantité limite et des séquelles éventuelles. »

Et vous les filles,

vous avez fumé ?

❮❮ Grossesse très stressante, grossesse surprise. J'en ai donc parlé à mon gynéco qui m'a dit : « Écoutez, vous êtes stressée et votre bébé le ressent. Si fumer 2-3 cigarettes, au lieu d'une dizaine vous fait du bien, il vaut mieux les fumer plutôt que d'être à cran. » À l'époque je devais m'occuper de ma fille de 1 an, plus accepter cette grossesse. J'étais séparée de leur père. Ça a été compliqué et c'est vrai que ces quelques cigarettes étaient ma soupape de décompression. Bien entendu j'avais peur des conséquences sur mon enfant. On me disait qu'elle serait malade tout le temps, qu'elle serait asthmatique, etc. Mais Dieu merci, rien de tout ça. Elle a aujourd'hui 2 ans, elle s'est développée normalement avec seulement deux rhinos au compteur.

Bien entendu je ne conseille pas, mais si ça peut aider la future maman à être moins sur les dents. Pourquoi pas !

❮❮ Dans une précédente relation, j'avais subi des violences conjugales. Je ne dormais plus, j'avais la boule au ventre en allant au boulot de peur de le rencontrer. Une fois il m'a vu dans le bus et il m'a fait un doigt d'honneur.

Je suis allée voir un psychiatre qui m'a prescrit des anxiolytiques. Personnellement je suis contre ça alors j'ai décidé de me mettre au shit, ce n'est pas mieux, mais bon… J'en fumais un le soir pour m'aider à dormir et ça fonctionnait très bien. Je m'en suis voulu parce qu'à l'écho on m'a dit : « Elle est maigre. » Le soir même, je n'ai plus fumé et je dormais trop bien. Comme quoi on peut y arriver.

❝ Je fais malheureusement partie des mamans qui n'ont jamais réussi à arrêter complètement de fumer pendant leur grossesse, et je l'ai très mal vécu. Je le vis encore très mal, beaucoup de culpabilité, surtout quand j'entends le jugement des autres femmes nous traitant d'égoïstes et de meurtrières et qu'on ne mérite pas d'avoir des enfants…

Quand j'étais jeune je m'étais toujours dit : « J'arrêterai de fumer dès que je serai enceinte », mais la réalité a été bien différente.

❝ Pour ma première grossesse, dès que j'ai su que j'étais enceinte, j'ai stoppé la cigarette. J'ai dû en fumer 2 ou 3 pendant toute ma grossesse. Pour ma deuxième grossesse, j'ai eu beaucoup plus de mal à arrêter. J'ai fumé tout le premier trimestre entre 5 et 7 cigarettes par jour. Une fois l'écho du premier trimestre passée, je pensais pouvoir arrêter et bien j'ai eu beaucoup de mal. J'ai continué à fumer en cachette 2 à 3 cigarettes par jour. J'ai accouché d'un bébé de 4,4 kg né à terme. J'allaite depuis maintenant sept mois et j'ai bien évidemment repris totalement la cigarette un mois après avoir accouché (j'ai accouché en plein confinement, je pense que ça ne m'a pas aidé).

❝ Je ne fumais pas à l'extérieur devant des inconnus (trop peur du jugement), mais chez moi, oui. Je ne fumais pas tous les jours, mais le week-end je pouvais en fumer 6 ou 7.

❝ Je disais que je ne fumais que 2-3 cigarettes, alors que j'en fumais 8 ou 10… Je me disais que je n'avais pas la force d'arrêter, mais finalement je me dis que ce n'était pas une question de mental. C'est plutôt que je ne réalisais vraiment pas que j'allais donner la vie, que j'allais être maman. J'ai d'ailleurs mis plusieurs mois après la naissance de ma fille à réaliser que j'étais devenue mère… J'ai arrêté de fumer au moment où j'allais accoucher, car je n'y pensais plus à ce moment-là. Et je ne sais pas si c'est dû au fait que j'ai fumé pendant ma grossesse, mais j'ai eu pas mal de complications à mon accouchement : j'ai fait de l'hypertension, une hémorragie externe et ma fille a fait une mauvaise adaptation à la vie extra-utérine et elle est née violette. Elle avait du mal à respirer et a dû être prise en charge en urgence, puis elle est restée dix jours sous couveuse en service de néonatalogie. C'est là que j'ai compris. Que j'ai eu peur. Que j'ai réalisé que je n'avais pensé qu'à moi et pas à elle et je n'ai jamais été aussi paniquée de toute ma vie. Je fume encore, mais jamais devant elle, et si je devais retomber enceinte, je ferais les choses complètement différemment, j'aurais cette force d'arrêter.

« Âgée de 22 ans à l'époque, enceinte de ma fille, je fumais des cigarettes. Je n'ai pas arrêté, mais diminué. Avant d'apprendre ma grossesse à un mois et demi, je fumais de temps en temps un petit joint à raison de 2 par semaine. En revanche, ça, je l'ai arrêté totalement et jamais repris. Au final ma fille ne pesait que 2,780 kg à cause de la cigarette selon le gynécologue. Pour mon deuxième à l'âge de 25 ans j'ai arrêté la cigarette et mon fils faisait 3,630 kg à la naissance.

« À 19 ans, j'ai fait un déni de grossesse. J'ai appris que j'étais enceinte au début du cinquième mois, à ce moment-là je fumais environ 15 cigarettes par jour. J'avais fêté mon bac et mon emménagement donc il y a eu des soirées arrosées, mais c'est surtout le tabac.

Lorsque j'ai appris ma grossesse, j'étais tellement sous le choc et dans le flou total que j'ai continué à fumer pendant environ une semaine tout en réduisant beaucoup. C'est le temps qu'il a fallu à mon homme pour se décider à élever cet enfant. Lorsqu'il m'a dit qu'il voulait ce bébé et qu'on a enfin réalisé qu'on allait devenir parents, je n'ai plus touché à une seule cigarette. Je lui ai donné mon paquet et la cigarette c'était terminé pour moi.

« Je fumais déjà avant ma grossesse et pas seulement du tabac. Je me suis tellement stressée à vouloir arrêter de fumer que j'ai eu des contractions. De plus, je me suis rendu compte que le joint du matin calmait les nausées. Je n'ai pas arrêté et j'ai culpabilisé tout le long de ma grossesse. J'avais diminué au maximum de ce que je pouvais. J'en ai parlé au corps médical, mais on ne m'a pas trop proposé de suivi, alors j'ai continué. Heureusement bébé est en très bonne santé. En espérant que ça ne se répercute pas sur lui plus tard. Je m'en veux encore, mais c'était pour moi la seule façon de tenir une matinée sans trop vomir. J'aime mon fils plus que tout et c'est maintenant ma merveille. Je suis consciente de ne pas être un bon exemple, mais c'était mon seul remède.

« Lorsque j'ai appris ma grossesse, je ne me suis pas sentie capable d'arrêter d'un coup la cigarette alors je me suis efforcée de diminuer. C'est de toute façon ce que m'a conseillé ma gynécologue. Elle préférait que je diminue progressivement plutôt que d'avoir un énorme stress qui pourrait amener un décollement du placenta.

Alors de quasiment un paquet par jour, je suis passée à 5 cigarettes, puis 4, puis 3. Certains jours, je me sentais coupable et avais honte de moi. D'autres jours, j'assumais complètement ma décision.

Lors de l'échographie du premier trimestre, le poids de mon fils était légèrement en dessous de la normale. Je m'en suis voulu. Le soir même j'ai rêvé qu'on m'annonçait que son cœur s'était arrêté. Je me suis réveillée en larmes et j'ai décidé de ne plus jamais toucher une cigarette durant ma grossesse.

J'ai tenu pendant trois mois, mais la crise liée au coronavirus et le confinement sont venus se mêler de cette grossesse. J'avais besoin de ma béquille et comme mon mari est également fumeur, j'avais des cigarettes à disposition chez moi. Alors pendant mon dernier trimestre, j'ai fumé en cachette comme une adolescente, quand j'arrivais à piquer une cigarette à mon mari quand il avait le dos tourné.

Aujourd'hui mon fils a fêté ses trois mois et il se porte comme un charme. Je n'ai jamais avoué à mon mari que j'avais replongé pendant le dernier trimestre.

ALCOOL : ZÉRO TOLÉRANCE

Autant j'ai reçu beaucoup de témoignages concernant la cigarette pendant la grossesse, autant j'ai eu très peu de réactions sur l'alcool.

Sûrement parce qu'il y a beaucoup plus de prévention à ce sujet. Vous avez sans doute déjà vu des affiches de campagnes contre l'alcool notamment dans les salles d'attente des maternités et chez les gynécologues. Je me souviens d'ailleurs d'une affiche qui disait : « Vous buvez un peu, il boit beaucoup. »

J'imaginais même la suite : vous buvez beaucoup… il vomit en vous ! Bref non, je n'imagine pas. Je suis persuadée que faire de la prévention en masse est un excellent moyen pour sensibiliser les gens.

> ### L'avis d'Anny, médecin généraliste
>
> « Un verre de champ', de rouge, un martini… on s'en fiche. Par contre on sait que la répétition des prises alcooliques peut entraîner le SAF, Syndrome d'alcoolisation fœtale, à savoir : retard mental, hypotonie, malformations, etc. Le SAF se voit en général chez les patientes alcooliques. Le souci, c'est qu'on ne sait pas précisément à partir de quel seuil l'alcool abîme le fœtus. Quelle quantité, détails, terme, on n'en sait rien. Alors on dit : ZÉRO à toutes les femmes enceintes. »

En gros si je résume, si tu bois de l'alcool, même un verre, tu prends un risque, donc c'est à toi de décider en âme et conscience. Et là je vous imagine très bien vous dire : « J'ai pris une cuite quand je ne savais pas encore que j'étais enceinte ! » Rassurez-vous, je fais partie de cette team. Barcelone et les chupitos ! Valentin ne s'en souviendra... pas.

J'aimerais clôturer le sujet de l'alcool par un témoignage très intéressant :

> « Les premières annonces sont faites à la famille, et donc à des personnes d'une autre génération. À leur époque, on buvait, on n'en faisait pas tout un cinéma, et patati et patata...
> À chaque annonce de ma grossesse, on sortait for-cément le champagne. Et tout le monde insistait pour que je boive une coupette. Juste une, oui... mais tous les week-ends !
> J'ai bu une gorgée les 2-3 premières fois notamment face à ma belle-famille et à mon mec, insistants. »

« À l'époque... », c'est vraiment l'expression qu'on nous sort le plus souvent lorsqu'on est enceinte ou qu'on est mère ! Sauf qu'on est en 2022 et qu'on a appris beaucoup de choses depuis cette fameuse époque, notamment sur les dangers de l'alcool.

INTERDITS ALIMENTAIRES...
RENDEZ-MOI MON CAMEMBERT !

Parmi tous les interdits de la grossesse, le plus dur pour moi a été cette longue liste d'aliments à éviter. Enlevez-moi le tabac, l'alcool, faites-moi prendre

20 kilos si vous voulez, mais laissez-moi manger du camembert bordel !

Au restaurant, tu as l'impression de jouer à un jeu d'énigmes : voici le menu, quels sont les aliments à éviter ? Le saumon c'est le cuit ou le cru que je ne peux pas manger ? Les crevettes c'est ok si elles sont cuites ? L'emmental est-ce que ça appartient à la famille des fromages à pâte dure ? Je veux dire pressée cuite ? Il est cru ou cuit ? Tu crois qu'elle est assez cuite la viande là ? Il y a de la salade avec ? Vous pouvez l'enlever s'il vous plaît ? Les tomates ? Attendez, je vérifie sur Google…

Une liste longue comme l'annuaire téléphonique (ça existe encore ça d'ailleurs ?).

Heureusement qu'on peut manger du chocolat pendant la grossesse, sinon clairement je me serais arrêtée à un enfant. Même si, en vrai, je veux bien me casser la tête au restaurant et ne plus manger du camembert si ça peut m'éviter d'attraper la listériose ou la toxoplasmose. En gros, quand t'es enceinte, tous les mots qui se terminent par « ose » ça sonne pas bon, on dirait des sortilèges dans *Harry Potter* : PLUSDELACTOSE ! MANGEAUTRECHOSE ! GROSSEPSYCHOSE !

L'avis d'Anny, médecin généraliste

« La toxoplasmose est une maladie parasitaire que l'on peut contracter au contact des chats ou avec des aliments contaminés. La listériose est une infection alimentaire due à une bactérie. Dans les deux cas elles sont rares et sans gravité chez les adultes en bonne santé. Chez les femmes enceintes, ces infections sont en général sans conséquences pour la mère, mais pas pour le fœtus !

La listériose peut entraîner une fausse couche.

Quant à la toxoplasmose, plus elle est contractée en début de grossesse, plus c'est grave, car elle peut léser le système nerveux central du fœtus. En fin de grossesse il y a tout de même des risques de lésions aux yeux qui peuvent apparaître bien plus tard, à l'adolescence. »

Dans tous les cas, on n'interrompt pas une grossesse à cause d'une toxo positive, en revanche suivi ++ même après la naissance du bébé. D'où l'importance de faire des prises de sang tous les mois si on n'est pas immunisée contre la toxo, ce qui est mon cas ! Pour être immunisée il suffit d'y avoir été confrontée une fois par le passé.

Je vais vous faire une confidence : lors de ma première grossesse, j'étais à cheval sur les aliments à éviter. Bon bah ça n'a pas duré, j'ai été plus laxiste pour les grossesses suivantes et je n'en suis pas fière !

Oh ça va, juste un petit bout de camembert ! Ha ha ha oui bon ok deux bouts, mais c'étaient des petits !

Et vous les filles,

avez-vous respecté les interdits alimentaires ?

Je ne fais pas trop gaffe au niveau du fromage.

Oui à 100 %

Je n'évitais rien...

Pas respecté du tout, mon amour pour le fromage a eu raison de moi.

Oui, zéro écart, mais ça me démangeait.

J'ai fait un effort, je suis passée de ma viande bleue à saignante.

Première grossesse oui je respectais, deuxième j'avoue, moins.

Oui j'ai toujours respecté et la charcuterie m'a beaucoup manqué.

Je respecte pas toujours, mais sans abuser.

Troisième grossesse et je respecte moins...

Je n'ai pas pu résister à la côte de bœuf de mon père. Rien à faire, j'en ai mangé la moitié !

Toujours. Les dégâts peuvent être dramatiques.

Je repoussais le test de grossesse pour profiter de tout ce qui était charcuterie.

Première grossesse oui, deuxième grossesse je respectais beaucoup moins.

Non, j'ai toujours mangé ce que je voulais.

J'ai toujours bien respecté.

LES BONS MOMENTS

J'aimerais clôturer ce chapitre par tous les bons moments de la grossesse.

- « Sentir bébé bouger. »
- « Les échographies, surtout en 3D. »
- « Entendre le cœur du bébé. »
- « Avoir enfin de gros seins ! »
- « Je dormais comme une marmotte et mon homme était aux petits soins. »
- « Quand on a su le sexe du bébé. »
- « Aucun, je fais partie de celles qui détestent être enceintes, mais qui adorent accoucher. »
- « Voir le ventre évoluer. »
- « Préparer sa chambre. »
- « Sentir la vie dans mon corps, je me sentais super puissante. »
- « Les nombreux massages du papa. »
- « Les annonces aux proches. »
- « Les fringales à n'importe quelle heure, là je pouvais manger ce que je voulais. »
- « La baby shower. »
- « Quand ma fille avait le hoquet. »
- « L'accouchement. »
- « Le jour où j'ai appris que j'étais enceinte. »
- « Une poitrine magnifique. »
- « Voir le papa câliner mon ventre. »
- « Ne pas avoir à rentrer le ventre, et ce dès les premiers mois. »

Comme je l'ai dit au début, je n'ai jamais aimé être enceinte. Je trouve qu'il y a beaucoup d'inconvénients, et je trouve que c'est long : 9 mois c'est 41 semaines d'aménorrhée soit 273 jours.

Mes plus beaux souvenirs de la grossesse c'étaient les petits coups de bébé. C'est d'ailleurs ce qui revient le plus souvent dans vos témoignages : cette impression de communiquer avec lui à travers le toucher, ce qui est quand même assez surréaliste. Le ventre qui se déforme au point parfois d'apercevoir un coude, un pied, une main… Très souvent les papas aiment aussi parce qu'ils ont la sensation de partager la grossesse en sentant le bébé bouger. Pour Chéri c'était comme un jeu, bon je ne vous dis pas que vous pourrez faire un CHIFOUMI avec bébé, mais vous pourrez vous amuser à le stimuler.

J'ai aimé chaque échographie, le voir et le sentir bouger sont des moments très forts. Bonus : la *gender reveal* – l'annonce du sexe sous forme d'événement en compagnie des proches. On l'a fait pour ma troisième grossesse et on ne va pas se mentir, on a fait comme tout le monde, parce que c'était à la mode ! Mais finalement c'était tellement riche en émotions, que je regrette de ne pas l'avoir fait pour les deux premiers.

Heureusement que nous avons des moments aussi forts durant les neuf mois, ça permet de tenir le coup, de relativiser tous les petits, voire gros inconvénients en attendant le plus beau des cadeaux : l'arrivée de cette petite merveille que tu as créée dans ton ventre, toi l'artiste sculptrice d'amour.

Chapitre 4

ENFIN, je suis maman !

LIBÉRÉE... DÉLIVRÉE !

« Chéri, je crois que j'ai perdu les eaux.

– Quoi !? Ceux du bras ou de la jambe ?

– C'est pas le moment de faire des blagues, prends
la valise et va chercher la voiture ! »

L'accouchement, le moment qu'on redoute le plus et en même temps tant attendu. Impossible de ne pas y penser. On appréhende ce moment, mais en fin de grossesse beaucoup de femmes l'attendent comme l'arrivée du messie. Pas Lionel à Paris, le vrai messie qui peut marcher sur l'eau. La fameuse délivrance. Comme beaucoup de femmes, j'avais peur de l'accouchement. Je me posais pas mal de questions, dont certaines qui revenaient sans cesse : comment mon vagin allait-il pouvoir s'ouvrir et laisser passer une tête et un corps de bébé ? Est-ce que j'allais faire caca en poussant ? Comment distinguer les fausses contractions des vraies ? Et surtout à quoi ressemblent ces fameuses contractions qui font si mal apparemment ? On est toutes déjà tombées au moins une fois sur l'émission « Baby Boom » où on les voit crier de douleur.

« Est-ce que j'allais crier moi aussi ? Ça fait vraiment très mal ? Mais mal comment ? Non parce que moi on me marche sur le pied et je pars en réa' !

Et vous les filles,

c'était comment d'accoucher ?

Je suis mitigée entre une énorme crampe et une grosse brûlure. Euh on peut choisir ni l'un ni l'autre Docteur ?

Une douleur de règles puissance trente et qui descend dans les fesses. Quand vous dites qui descend... seulement la douleur hein ?

La mort. J'ai accouché de ma deuxième en vingt-cinq minutes. Je suppliais qu'on me tue... J'avoue j'ai hésité à partager ce témoignage par peur de traumatiser certaines futures mamans ha ha ha ! Bah là c'est réussi ! On flippe toutes !

Un tsunami, comme de gigantesques vagues dans le bas ventre. Dis comme ça c'est mignon, ça rappelle les vacances.

Une gastro-entérite × 1 000. J'ai bien vérifié que je n'avais pas lu un zéro de trop, mais non, il y a bien écrit « fois mille » ! Donc oui, il y a des chances que je fasse caca, j'ai déjà une réponse.

J'avais l'impression qu'on m'arrachait les organes. Un film d'horreur, mais qui finit bien !

Décharge électrique qui paralyse tout le corps.
Ne me dites pas que j'ai la raie électrique !

Douleur de règles puissance
100 000 000, concentrée
sur deux minutes.
Là aussi j'ai compté les zéros,
deux fois même. Alors les gars...
c'est qui les patrons ?

Comme si un animal
te mangeait le ventre.
On commence à rentrer
dans le glauque là... Pourvu
que ce soit une petite
coccinelle alors !

Impossible de me souvenir de la sensation exacte,
mais l'impression que l'on va mourir. Ok, cool j'ai hâte !

Un déchirement de l'intérieur
tellement ça fait mal.
Mais je n'ai pas déjà suffisamment
morflé à l'extérieur ?

Je crois que c'est
inexplicable tellement
c'est puissant.
Bon ben vous savez quoi...
On n'accepte pas,
comme ça c'est réglé,
et on ne le sort pas tout
de suite après tout il est
bien là, non ?

Une douleur inexplicable qui
prend possession de ton corps.
Oh la la, ça y est je vois
le truc... Guizmo dans
les Gremlins quand il mange
après minuit !

Une vague que tu sens arriver de loin et qui, quand elle déferle,
te broie de l'intérieur puis repart tranquillement.
Capitaine, je quitte le navire !

GÉRER LA DOULEUR

J'aimerais vous rassurer et vous dire que ça ne fait pas si mal que ça, mais ce serait vous mentir. Le tout c'est de le savoir, ça permet de se préparer psychologiquement et de gérer plus facilement la douleur.

La préparation à l'accouchement peut se faire à la maternité ou chez une sage-femme indépendante. Dans tous les cas vous aurez droit à 8 séances entièrement prises en charge par la Sécurité sociale. Dans ces séances vous pourrez même découvrir la sophrologie, l'acupuncture, l'haptonomie, l'auto-hypnose ou encore le yoga prénatal. Et vous pouvez y aller seule ou accompagnée, c'est vous qui choisissez !

Pour moi, la règle numéro un pour gérer les contractions c'est la respiration. Il faut inspirer lorsque la contraction commence à se pointer et expirer fort par la bouche tout au long de sa durée. Entre chaque contraction, prenez le temps de vous détendre, enfin quand je dis « se détendre » on se comprend, on a clairement connu mieux comme détente. On est loin du spa avec la meilleure bande-son des pluies tropicales ! Néanmoins, essayez de respirer calmement et peut-être demandez à votre chéri de vous masser si vous en ressentez le besoin. D'ailleurs au passage, le chéri en question il ne le sait pas encore, mais il va souffrir aussi : « Masse-moi ! Arrête ! Continue ! Arrête de me dire d'expirer ! Ben je peux pas, c'est toi qui me pompe l'air ! Ferme-laaaaaa ! »

Personnellement, j'avais besoin de rester dans ma bulle, je ne voulais pas qu'on me parle, ni qu'on me touche, mais encore une fois chaque femme réagit différemment à la douleur et ne vous inquiétez pas, vous allez très vite savoir ce qui vous aide à tenir le coup.

Je me suis accrochée à la phrase : « Si elles peuvent le faire, alors moi aussi. » Et c'est vrai, vous pouvez le faire et vous allez le faire. Encore mieux, une sage-femme m'a dit un jour : « Chaque contraction te rapproche de plus en plus de cette rencontre avec ton bébé. » Parce que ces contractions ont un but bien précis : ouvrir le col pour faire passer bébé.

UNE SOLUTION : LA PÉRIDURALE

C'est sans doute le moment de parler de la péridurale. Il s'agit d'un choix personnel. Elle vient vous soulager en anesthésiant tout le bas du corps afin que vous ayez moins mal. C'est une injection au niveau des lombaires qui ne fait pas mal. Je pense que les contractions te font tellement mal que la piqûre, tu ne la sens même pas.

> Limite un moustique à côté c'est pareil tellement les contractions sont le sujet !

La péridurale peut être posée généralement quand le col est effacé à 3 cm, mais parfois et dans certains cas, elle peut aussi être posée avant, si la femme souffre trop, si c'est un déclenchement et que le corps fait un blocage, la péridurale peut venir aider à détendre et permettre au col de s'ouvrir tranquillement.

Certaines femmes préfèrent un accouchement plus naturel et refusent d'avoir la péridurale pour pouvoir tout ressentir. D'ailleurs si tel est votre choix, je vous conseillerai tout de même de prendre rendez-vous avec l'anesthésiste (rendez-vous obligatoire à la base, en tout cas fortement recommandé par les maternités). Vous ne savez ni comment vous réagirez à la douleur ni combien de temps durera votre accouchement. Une femme avertie en vaut deux. Certaines n'ont pas de péridurale par manque de temps. Si le col est ouvert à 8 cm, l'anesthésiste peut ne pas avoir le temps d'arriver, 8 c'est quasi la totalité de l'ouverture du col qui atteint sa dilatation complète à 10 cm. Cela peut aller extrêmement vite. De plus, poser une péridurale à 8 c'est compliqué. La patiente bouge beaucoup, les douleurs sont de plus en plus fortes et la péridurale risque de ne pas avoir le temps de faire effet.

Et vous les filles,

c'était comment d'accoucher
sans péridurale ?

Elle n'a pas fonctionné. Terrible comme douleur, mais quelle fierté d'avoir réussi. *#WONDERWOMAN*

Accouchement sans péridurale pour mes deux filles et franchement sans regret. *#THUGLIFE*

C'était vraiment trop douloureux pour aimer du coup j'ai tout senti.

J'ai senti qu'il fallait écouter mon corps et être en symbiose parfaite avec chaque contraction.

Sans péridurale pour mon premier accouchement. C'était pas prévu, c'est allé vite.

J'ai adoré mon accouchement sans péridurale. Tout ressentir c'est un vrai bonheur.

Super douloureux vraiment, mais je ne regrette pas, il faut le vivre. Messieurs vous ne savez pas ce que vous loupez !

On sent tout, même le passage des cheveux. *LA MAMAN DES JACKSON FIVE DEVAIT ÊTRE CONTENTE !*

Ce n'était pas mon choix,
je n'ai pas eu le temps
de l'avoir et je ne regrette rien
du tout. Le top. À refaire !

Souffrir pour donner la vie,
je trouve ça magique.

Tout ressentir, même le doigt
de la gynécologue qui a trifouillé
pour décoincer le menton.

Sans péridurale pour ma fille, dix heures de travail, j'ai réussi
à me détendre entre chaque contraction. Limite je suis sortie de là
comme d'une thalasso !

J'ai adoré, bien qu'à
un moment j'ai hurlé, non pas
de douleur, mais d'étonnement.
Finalement il y avait
deux bébés !

J'ai souffert comme jamais.
Le premier qui m'en reparle,
je lui bouffe les yeux.

Extraordinaire, fort,
puissant, magique.
Une expérience unique.

Incroyablement violent,
intense, magique, magnifique
et bouleversant.

Magique. On se remet aussi plus vite. Je suis remontée
dans ma chambre en courant !

J'ai adoré malgré la très grande souffrance lors du passage des épaules, c'est incroyable de vivre ça. Il faut dire que mon bébé pesait 8 kg à la naissance.

Une sensation de puissance et de confiance en soi. Plus rien ne m'arrête. Tu bouges je te défonce tu ne me connais pas ! Je suis une nana bonhomme moi !

J'ai pas aimé, je n'étais pas préparée, ressentir de la souffrance × 1 000, perdre pied. *OUPPSS*.

Je n'avais pas choisi d'accoucher sans péridurale, mais je le referai sans hésiter.

J'ai souffert ma race, mais dès que bébé est sorti, plus aucune douleur et très vite remise. Tout ça pour ça... On recommence ?

Mes deux accouchements, sans péridurale, j'ai cru que mon corps se coupait en deux, mais aucun regret, c'était magique. Alors, y'a rien là pour Maman ?

Horrible. Je n'ai pas d'autres mots. Pour un premier accouchement, ça a été traumatisant pour ma part.

Bon et bien je crois qu'après ces témoignages on peut dire que les femmes sont de sacrées guerrières ! Après ça, si ton mec rentre d'un match de foot en pleurnichant : « J'ai bobo ! Il m'a éclaté l'orteil ! »… Franchement, une prise de kung-fu s'impose.

Personnellement, j'ai choisi la péridurale et c'est pour moi la plus belle invention de l'humanité après les M&M's. À chaque fois que l'anesthésiste me l'a posée, mon corps tout entier s'est arrêté de souffrir pour me permettre de réellement me relaxer, et d'accueillir mon bébé sereinement. Cette péridurale… bordel de crotte, qu'est-ce qu'elle fait du bien !

Vous l'aurez compris : la douleur ce n'est vraiment pas mon truc. Avoir mal, c'est même l'une des choses qui me fait le plus peur au monde.

 Il y a deux DD sur terre : David Douillet et Daniela Doudouille !

Le détail qui tue

Une autre question que je me posais sur l'accouchement, enfin ce n'était pas vraiment une question, mais plutôt une crainte : celle de me faire dessus, de faire caca pendant la poussée. Imagine, tu as les deux pieds dans les étriers et tu envoies le colis ! La sage-femme, l'obstétricien, ton chéri… l'image qu'ils gardent à vie !

Je pense, je dis bien, je pense, puisque personne n'a voulu me le certifier, que je me suis fait dessus en poussant. J'ai tenté de poser la question à la sage-femme, mais celle-ci a esquivé. Pourtant

la question est simple il suffit de répondre par
« oui » ou « non ». Mais dites-moi si j'ai fait caca
bon sang...

Cette question tu peux te la poser avant ou après
ton accouchement, mais ce qui est sûr c'est que
pendant t'es beaucoup trop occupée à faire sortir
ton bébé pour te la poser.

À notre décharge, j'ai appris qu'environ 80-90 %
des femmes[1] déféquaient sur la table d'accouchement. Bon appétit à selles, à celles pardon qui lisent
le bouquin à la pause déj'.

Ça fait un bien fou de savoir qu'on n'est pas les
seules à faire caca ce jour-là !

CHAQUE ACCOUCHEMENT
EST DIFFÉRENT

J'ai vécu deux accouchements totalement différents,
le premier était horrible, un déclenchement à terme,
avec un col qui ne s'ouvrait pas malgré les contractions
extrêmement rapprochées et intenses et une sage-femme
qui ne coopérait pas, qui ne me trouvait pas de solution.
Au bout de six heures de hurlements et un col toujours
fermé, elle a fini par accepter de me poser une péridurale.
Le cœur de mon bébé s'emballait, elle n'avait pas le
choix. Eléa est née huit heures après la pose du tampon[2],

---

1. Sur parents.fr, par la sage-femme Caumel-Dauphin
2. Je parle d'un tampon imbibé de prostaglandines, une substance
qui permet d'accélérer le travail.

elle ne respirait plus, elle était violette, ne pleurait pas, elle avait les yeux écarquillés.

Ce n'est pas comme ça que j'avais imaginé mon accouchement et ce n'est pas comme ça que je me voyais devenir mère pour la première fois. Trembler de peur pour la vie de mon enfant que je n'ai même pas pu serrer dans mes bras puisqu'elle était déjà branchée à des machines pour la faire respirer.

Mon deuxième accouchement était parfait, je ne pouvais pas rêver mieux. Des contractions, un décollement des membranes pour accélérer le travail, la perte des eaux, des contractions encore plus fortes, la pose de la péridurale à 4 cm et Valentin est arrivé huit heures après le début de mes contractions rapprochées. Vivre un accouchement « normal » m'a réconciliée avec la grossesse et l'accouchement. J'avais peur d'être incapable de vivre un accouchement comme « tout le monde ».

C'est une volonté de ma part de ne pas entrer dans les détails de mes accouchements, une volonté aussi de ne pas recueillir de témoignages.

>> Au final je crois qu'il n'y a pas
d'accouchement « normal »,
chaque accouchement est unique,
chaque accouchement a son histoire.

QUELQU'UN A LA NOTICE ?

JE SUIS MAMAN... ET MAINTENANT ?

J'ai appris tout au long de ces dernières années qu'être mère justement ça ne s'apprenait pas. Que tu peux lire tout un tas de guides, de bouquins, suivre plein de cours, écouter les conseils de ta mère, de ta belle-mère... quand tu es face à ce petit être, tu perds tous tes moyens. Tu te rends compte qu'entre la technique et la pratique il y a un monde. Un monde qui fait basculer le tien. « Le voilà » il a du sang partout, on le pose sur moi, sur ma poitrine. Je verse quelques larmes de joie, de soulagement aussi.

Il est si petit que tu as peur de le toucher, de lui enfiler un body. Tu as peur de lui déboiter un bras tellement ça a l'air fragile. Tu le trouveras beau peut-être, peut-être pas, tu as le droit. Il paraît que l'amour rend aveugle, mais uniquement dans les fictions, les romans d'amour...

Un nouveau-né est parfois fripé et souvent chauve ou au contraire il a trop de cheveux sur un si petit corps. Il a peut-être des taches rouges, un teint jaunâtre (à la suite d'une petite jaunisse), il peut être tout gonflé à cause de l'accouchement... Souvent les mamans qui ne trouvent pas leur nouveau-né beau le gardent pour elles, c'est très mal vu dans notre société. On pourrait être traitées de mauvaises mères, de mères indignes. Si vous êtes dans ce cas ou si vous avez été dans ce cas sachez que vous n'êtes absolument pas un cas isolé, c'est juste qu'on n'en parle pas, qu'on ne l'assume pas. Je vous rassure : vous êtes tout à fait normale.

Une fois passées les premières heures à le contempler, tu te rends compte qu'à partir de maintenant un être humain est sous ta responsabilité.

Cette petite chose de 50 cm va dépendre de toi et du papa. N'est-ce pas flippant ? Surtout quand on a déjà du mal à conserver une plante à la maison… alors un bébé !

> ### N'arrosez pas le bébé
> ### c'était une métaphore.

Les deux ou trois jours à la maternité permettent d'apprendre tout un tas de choses sur le bébé, mais aussi sur nous, nos capacités à encaisser et gérer, le stress, la fatigue.

Les puéricultrices sont là pour nous guider, nous apprendre à donner le bain au bébé, faire les soins du cordon, nous aider avec l'allaitement (pour celles qui allaitent), nous montrer comment préparer un biberon, comment le changer… Il n'y a aucune honte à ne pas savoir changer une couche !

> ⟶ On ne naît pas en sachant
> changer une couche,
> sinon bébé se changerait tout seul.
> Cela s'apprend !

CHANGER UN NOUVEAU-NÉ

Ça a l'air si simple quand c'est la puéricultrice qui le fait et si compliqué quand c'est toi. L'impression de passer une épreuve de Koh Lanta. Je me souviens quand j'ai eu mon fils, lors de son premier change la puéricultrice m'a prévenue : « Il faut bien soulever ses petits testicules pour nettoyer en dessous. » J'ignorais que ses testicules étaient amovibles et en même temps j'avais trop peur de les toucher pour vérifier tout ça. J'avais l'air con, mais heureusement qu'elle était là. Donc voilà les filles, si jamais l'une d'entre vous se posait la question, voilà la réponse : c'est modulable les coucougnettes.

Pareil pour ma fille, j'avais trop peur de nettoyer à l'intérieur de sa vulve. Où dois-je m'arrêter ? Ce sont des choses qu'on apprend sur le tas, qu'on nous apprend à la maternité.

❮❮ La seule chose qu'on n'apprend pas c'est à gérer les pleurs d'un bébé.

BIBERON *VS* ALLAITEMENT

Je me suis promis de ne pas trop m'étaler sur l'allaitement parce qu'il existe une tonne de bouquins sur le sujet, un peu moins sur le biberon, me semble-t-il. Et pourtant, je trouve que c'est tout aussi intéressant et qu'il y a plein de choses à apprendre sur le biberon. Par exemple comment choisir la marque du biberon, du lait ? Il y a autant de marques de biberons que de marques de lait en poudre sur le marché. Comment savoir s'il est préférable de changer de lait ou de biberon ? Quelle eau choisir ?

Plutôt de l'eau chaude ou à température ambiante ? Mon bébé n'a pas fini son biberon, je dois le jeter ou je peux lui proposer le même un peu plus tard ? Oui, mais jusqu'à combien de temps plus tard ? Etc. Toutes ces questions qu'on peut se poser quand on devient mère pour la première fois. Il y a autant de questions sur le biberon que sur l'allaitement finalement. Alors oui, le médecin généraliste est là pour vous guider, mais je trouverai rassurant d'avoir un peu plus de livres consacrés au biberon.

J'ai allaité mes deux enfants. Par choix. Ce n'était pas une vocation pourtant. Je n'ai jamais voulu allaiter avant de mettre au monde mon premier enfant. Je n'étais pas fermée sur le sujet, j'ai même suivi un cours d'allaitement durant la grossesse avec une consultante en lactation et acheté deux ou trois bouquins sur le sujet. Je voulais m'informer, mais j'étais catégorique :

« Je ne veux pas allaiter, ça abîme les seins ! »

C'était mon raisonnement. Quelques semaines avant l'accouchement, mon chéri m'a dit :

« Tu ne veux pas essayer d'allaiter ? Peut-être que tu vas aimer, et puis si finalement tu ne veux pas au moins tu auras essayé. »

J'ai cogité, j'ai trouvé qu'il n'avait pas tort.

Lors de la naissance de notre premier enfant, je n'ai pas pu la garder avec moi, lui offrir une tétée de bienvenue. Non, elle m'a été arrachée des bras parce qu'elle était en détresse respiratoire. Avant de me ramener dans ma chambre, ils m'ont descendue au service de néonatalogie pour que je puisse la voir, elle dormait et je n'ai pas pu l'allaiter. Je n'ai pas posé la question, mais je suppose qu'elle avait eu un biberon.

Le lendemain matin, j'ai pu lui proposer la tétée. Une sage-femme était présente pour m'aider à la mettre au sein. Je n'avais pas encore de montée de lait. En théorie, la montée de lait se produit trois à cinq jours après l'accouchement, pour ma part j'ai eu la montée de lait à J + 3. C'est tellement impressionnant. J'avais des pistolets en guise de seins. Deux énormes ballons remplis de grosses veines et tu as l'impression que ça peut éclater à tout moment. Ça n'éclate pas, mais ça fuit. Bref, on reviendra dessus un peu plus tard.

Revenons à cette fameuse première tétée. J'avais beau avoir suivi un cours d'allaitement durant la grossesse et bien j'ai trouvé qu'il y avait un monde entre la théorie et la pratique. Même avec l'aide de la sage-femme il m'était impossible de la faire téter. Elle ne s'accrochait pas au sein, elle pleurait, s'énervait. Je trouve qu'un bébé énervé est assez impressionnant, il devient tout rouge, on dirait qu'il peut s'arrêter de respirer à tout moment. Un peu comme ton vieux prof qui tente de t'apprendre les verbes irréguliers ! Plus elle s'énervait, plus je perdais mes moyens, je transpirais, mes tétons commençaient à chauffer. Je peux conclure que ce premier essai fut un échec total.

En plus, elle était encore en néonatalogie, donc on était séparées. Quand les sages-femmes m'appelaient pour que je descende parce qu'elle avait faim, en pleine nuit parfois, souvent même, le temps que j'arrive il était déjà trop tard. Madame avait trop faim et n'était pas très coopérative, elle s'impatientait. Au vu de ces échecs, nous avons pris la décision de lui donner des biberons de lait en poudre en complément et j'aurais pu m'arrêter là. J'avais testé, comme on se l'était dit.

Mais non, je refusais d'abandonner. Je suis têtue, parfois trop, et j'ai continué. Eléa est montée dans la chambre à J + 3 pile au moment de la montée de lait. Je pensais que la montée de lait allait arranger les choses, mais ça n'a pas été le cas. Une mauvaise position du bébé lors de l'allaitement peut causer de grosses crevasses. Et les crevasses, ça fait mal. Je pense même que ça doit être la cause numéro un de l'arrêt de l'allaitement. Les seins d'une femme sont une zone sensible, je crois que ça équivaut aux testicules chez les hommes, non ? Alors, imaginez un homme avec… Non laissez tomber, désolée pour l'image !

Dans la plupart des témoignages que j'ai pu récolter, les mamans mettent un terme à l'allaitement, parfois contre leur volonté, parce qu'elles sont mal suivies, mal renseignées. Les filles, la clé d'un allaitement réussi c'est d'avoir une consultante en lactation, je vous jure ça change tout ! À la maternité les sages-femmes sont parfois contradictoires et peu renseignées sur l'allaitement. Une consultante en lactation a une formation spécifique. L'idéal c'est d'en trouver une dans votre région qui puisse venir directement chez vous si besoin. Pour trouver une bonne consultante en lactation, rendez-vous en PMI (Protection maternelle et infantile). La mienne a clairement sauvé mon allaitement, je n'aurais pas tenu si elle n'avait pas été là. Résultat : deux ans d'allaitement pour mes deux enfants.

L'allaitement a du bon. Pour ma part, l'idée de ne pas me lever la nuit pour préparer des biberons et pouvoir sortir sans amener avec moi le lait et les biberons me plaisait bien. C'était plutôt pratique et surtout j'ai souvent utilisé mes seins comme solution de réconfort. Dis comme ça, ça paraît un peu bizarre, mais la tétée permet d'apaiser et de réconforter le bébé.

J'ai parfois reçu des critiques pour mon allaitement non écourté (allaitement long) et puis j'ai appris à relativiser, parce que quoi que tu fasses en tant que mère tu auras toujours quelqu'un pour te critiquer, te dire que ce n'est pas bien, que c'est mieux de faire comme ci ou comme ça. Je pense notamment à toutes ces mères qui n'ont pas réussi à aller au bout de leur allaitement ou qui tout simplement ne voulaient pas pour des raisons qui leur sont propres et qui ont reçu des remarques du genre :

« Vous êtes sûres que vous ne voulez pas allaiter ? Mais vous savez que c'est ce qu'il y a de mieux pour le bébé ? »

Et vlaaaan une bonne dose de culpabilité dans la tronche, en granulés à l'instant T et sans ordonnance. Alors oui, le lait maternel a beaucoup de vertus, mais je préfère mille fois un lait donné avec amour, qu'un lait donné à contrecœur. Je n'ai pas été allaitée et je vais très bien.

《 Ne laissez personne vous influencer, c'est votre choix, c'est votre corps.

L'enfant veut avant tout une mère heureuse. La personne qui te dit : « Il faut allaiter » est souvent la même qui va te dire : « Tu sais un bébé ressent tout. »

Bah justement !

POURQUOI IL PLEURE ?

JE NE SAIS PAS !

On dit toujours que si un bébé pleure c'est qu'il y a une raison. Il s'agit de son seul moyen de communication pour nous faire comprendre que quelque chose ne va pas. En théorie, ça a l'air logique, en pratique ça l'est beaucoup moins.

Mais pourquoi personne ne m'avait préparée à ça ? On propose des cours d'accouchement, des cours d'allaitement, des cours de portage, de langage des signes… mais personne ne te dit qu'un bébé peut pleurer toute la journée, personne ne te dit que parfois tu fais des pieds et des mains pour le calmer, mais que ça ne marche quand même pas. J'en ai voulu au corps médical pour ça, mais aussi et surtout à mon entourage qui me disait : « Être mère c'est que du bonheur ! »

C'est que du bonheur, mon œil ouais !

Quand tu as un bébé qui pleure tout le temps, tu essayes de comprendre ce qu'il a. On te l'a pourtant dit et répété : « Un bébé ne pleure pas sans raison. » Tu enchaînes les consultations chez les pédiatres, les ostéopathes, les microkinésithérapeutes (tu ne sais même pas ce que c'est, mais tu te dis : « Bon j'essaye, au pire ça ne peut pas lui faire de mal »), tu lui donnes le sein, tu lui donnes du lait maternisé parce que tu te dis : « Peut-être que je n'ai plus de lait et peut-être qu'il a faim. » Tu essaies tous les remèdes de grand-mère trouvés sur Instagram, forums et applications, au point où t'en es…

Je me souviens d'un soir, il était presque minuit, ma fille ne dormait toujours pas. Elle pleurait. Les coliques peut-être ? Oui d'accord, mais on avait déjà tout essayé : bercer, emmailloter, poussette, sein, biberon… avec mon chéri on s'est regardé, on était à genoux sur le lit et je lui ai dit d'un air désespéré :

« Qu'est-ce qu'on fait ? »

Je me souviens de son regard à ce moment-là. C'est très difficile en tant que parent de ne pas pouvoir aider ton enfant, d'être à bout, de vouloir que ça s'arrête. La frustration et l'incompréhension face à ses pleurs.

Désolée de vous décevoir les futures mamans, mais le langage bébé n'est pas toujours compréhensible et bien souvent on ne trouve pas de solution.

J'ai souvent pleuré avec elle. J'avais l'impression d'être une mauvaise mère. Comment ça je ne comprends pas mon bébé ?

 J'aurais voulu qu'à ce moment-là on me rassure en me disant : « Tu as fait ce que tu pouvais. »

CHOISIR SON PÉDIATRE
(OU GÉNÉRALISTE)

Le bébé peut être suivi par un pédiatre, mais aussi par un simple généraliste s'il n'y a pas de problème particulier.

Pour ma part, j'ai toujours préféré les médecins généralistes pour mes enfants. J'ai testé 2-3 pédiatres et je n'ai pas accroché. Ceux que j'ai vus étaient beaucoup dans le jugement : « Il faut faire comme ci, il faut faire comme ça… », alors que les médecins généralistes vérifient plus la santé en général du bébé. Bien souvent c'est votre médecin généraliste et il vous connaît personnellement, ce qui favorise peut-être plus l'échange.

Le pire chez les médecins c'est l'attente. Dans la salle d'attente avec un bébé qui pleure, c'est l'horreur ! Et comme par hasard je tombe toujours sur des médecins qui ont trente minutes de retard. Vous aussi ?

Retour des auréoles sous les bras. Les allers-retours entre la salle d'attente et l'extérieur pour ne pas trop déranger les autres patients. Le biberon et/ou le sein que tu dégaines 10 fois. Les 15 marionnettes que tu auras tentées : « Ainsi font font font les petites… » Bon, laisse tomber les marionnettes. Tu maudis le médecin et sa secrétaire avec. Tu te promets de ne plus jamais accepter de rendez-vous à 16 heures. Mais oui quelle idée ça tombe pile pendant sa sieste. Sauf que c'était le seul créneau disponible. Oui, mais quand même, plus jamais. Ah ! être mère c'est ça aussi : se mentir à soi-même. On sait qu'on se ment, mais on est incapable de ne pas le faire. C'est plus fort que nous.

Le dernier pédiatre que j'ai consulté m'a carrément dit :

« Votre fils a 18 mois, il n'a plus besoin de téter, il lui faut du lait, du vrai et des yaourts à gogo. »

Quand on sait que le lait maternel s'adapte tout au long de l'évolution du bébé et que l'OMS conseille d'allaiter (en parallèle avec la diversification) jusqu'à minimum 2 ans, ça ne sert à rien de culpabiliser une mère qui a décidé de poursuivre l'allaitement.

Je me suis juré de ne plus jamais consulter de pédiatre. Évidemment cela ne concerne que mon expérience personnelle. Je pense qu'il ne faut pas hésiter à en tester plusieurs, trouver celui qui écoute bébé, mais qui vous écoute vous aussi. Un pédiatre qui ne soit pas dans le jugement. Le souci c'est que les bons médecins/pédiatres sont souvent surchargés et il est difficile d'avoir un rendez-vous.

NE PAS SE PRENDRE POUR UNE *WONDERWOMAN* !

Pour notre première, les journées et les nuits s'enchaînaient et se ressemblaient. La fatigue était de plus en plus présente, pire : elle s'accumulait. La journée le papa travaillait et je la gardais. La nuit j'allaitais, donc c'est moi qui me levais. C'est clairement un inconvénient de l'allaitement, soit tu tires ton lait pour que Papa prenne le relais la nuit (c'est une option), soit tu te tapes toutes les nuits toute seule, parce que forcément la facilité quand tu allaites c'est de dégainer ton sein en espérant que le bébé se rendorme vite.

J'ai fait l'erreur de demander très peu d'aide justement, je culpabilisais de la laisser à son père les premiers mois, en me disant : « Imagine, elle veut téter et je ne suis pas là. » C'est une erreur parce que nous ne sommes pas indestructibles. On nous qualifie souvent de *wonderwomen*, sauf que les *wonderwomen*, les vraies, elles ne bossent pas jour et nuit déjà, en plus tu les vois arriver avec leur taille de guêpe, leur chevelure de rêve et leur cape.

WARNING : NE PAS JETER SON ENFANT PAR LA FENÊTRE

Une mère à bout peut être un danger pour son enfant. Elle peut avoir un geste brusque, lui hurler dessus, certaines vont même jusqu'à le secouer, c'est le point de non-retour. Le syndrome du bébé secoué est un syndrome dont on ne parle pas suffisamment à mon avis. Les gynécologues n'en parlent pas, les sages-femmes et les puéricultrices non plus, comme si c'était normal de ne pas secouer son enfant, comme si ça allait de soi.

Bien sûr que c'est normal de ne pas secouer son bébé, mais c'est tout aussi normal de péter une durite, de perdre pied avec la fatigue accumulée, les problèmes de la vie quotidienne, l'éventuelle dépression post-partum et les pleurs incessants.

Le cerveau du bébé est en construction, il est donc mou et fragile jusqu'à l'âge de 4 ans. D'après les études, un bébé secoué sur cinq meurt des suites de ce traumatisme. Parmi ceux qui survivent, deux sur trois auront des séquelles graves permanentes et resteront handicapés. Mais il existe toute une série de séquelles sur le plus ou moins long terme : des difficultés d'apprentissage, des problèmes de diction, des troubles cognitifs, du comportement, de l'alimentation, du sommeil, mais aussi une perte de la vue, une surdité et de l'épilepsie.

J'ignorais tous ces détails et le syndrome du bébé secoué en général jusqu'à ce que je découvre le compte Instagram « Stop_bebe_secoue ». Les témoignages font froid dans le dos, mais ça permet de faire de la prévention, ce qui à mon sens est le plus utile pour éviter ce genre de drame.

Il est donc nécessaire de mettre en place des campagnes et d'en parler ouvertement. Expliquer que c'est normal de craquer, qu'il est possible qu'un bébé pleure beaucoup, qu'il ne fasse pas ses nuits pendant des semaines, des mois ou des années. Il est aussi important de donner des conseils pour gérer les moments de crise tout en mettant le bébé en sécurité.

Les futurs parents ne sont pas forcément préparés, tout est fait pour embellir la maternité. Si vous êtes à bout, que vous avez tout essayé et qu'il pleure encore, si vous sentez que vous perdez pied : posez l'enfant dans son lit ou dans un endroit en sécurité, donnez-lui une tétine ou un doudou, quittez la pièce et fermez la porte. Allez prendre l'air à la fenêtre, buvez un café, un thé, fumez une cigarette si ça peut vous aider, inspirez, expirez, calmez-vous. Prenez le temps qu'il vous faut et ce n'est pas grave si ça dure vingt minutes. Allez le retrouver et le consoler lorsque vous irez mieux vous-même.

C'est un conseil que j'applique encore aujourd'hui quand je suis à bout, je laisse mon enfant dans sa chambre et je me calme. Je sais que dans sa chambre, il est en sécurité. Ne vous surestimez pas, ça peut aller très vite.

Souvent je m'accroche à la phrase :
« Ce n'est pas grave d'avoir envie
de jeter son enfant par la fenêtre,
ce qui est grave c'est de le faire. »

Je me permets des petites plaisanteries autour du sujet, car même si celui-ci est sérieux, il faut garder en tête que c'est humain d'avoir ce genre de réactions, ces pulsions. En sourire, c'est en parler librement, se rassurer, prendre du recul sur le phénomène afin de trouver des solutions.

J'ai parfois franchi mes limites en me disant : « C'est bon, je peux tenir encore, ça va je gère » alors qu'en réalité mes gestes devenaient de plus en plus brusques avec mon bébé. Les gestes ne trompent pas. Si vous en êtes là, c'est qu'il est temps de le poser. C'est que vous êtes hors de vous. Pensez à demander de l'aide. Ça n'a jamais été une faiblesse, mais plutôt une force. La force de reconnaître que : « Ok là je ne peux plus, là il me faut de l'aide. »

«« Rien qu'une heure peut faire du bien. S'imposer une heure de répit par jour, une heure rien que pour vous.

LES MOYENS DE GARDE

Plutôt que de citer les différents moyens de garde, je me suis dit que ce serait plus sympa et utile de vous partager les différents témoignages que j'ai pu recevoir à ce sujet :

Assistante maternelle :
- « Puisque nous n'avons pas trouvé de place en crèche. »
- « Car nous avons des horaires de travail atypiques. »
- « Pour le côté familial. »
- « Car elles ont plus de temps à accorder aux enfants. »
- « Assistante maternelle à notre domicile. C'est un budget, mais c'est tellement pratique, pas de trajets, pas de stress pour les habiller et les préparer le matin. »

Crèche :
- « Parce que j'adore le système collectif, ils apprennent à partager dès le premier jour. »
- « Pour qu'il puisse se sociabiliser. »
- « Parce que j'ai plus confiance en une structure avec plusieurs adultes. »
- « Je ne voulais pas qu'ils s'attachent à une personne plus qu'à moi. »
- « Peur que la nounou perde patience avec le bébé. »

Famille :
- « La mamie, parce que tellement plus rassurant. »
- « Moi-même, je préfère ne pas déléguer l'éducation de mes enfants. »

- « J'ai arrêté de bosser pour m'occuper de ma fille, impossible de la laisser à une autre personne. »
- « Je garde ma fille, car je bosse à la maison et je préfère la voir grandir. »
- « Ma maman qui est venue du Portugal me garder mon fils jusqu'à obtenir une place en crèche. »

MAM : (La maison d'assistantes maternelles est une structure d'accueil destinée aux jeunes enfants, pouvant accueillir quatre assistantes maternelles maximum) :
- « Les assistantes maternelles peuvent se surveiller mutuellement entre elles. »
- « C'était pour nous un parfait mélange entre la crèche et la nourrice. »
- « Nous avons la chance d'en avoir une juste à côté de chez nous. »

Le choix du mode de garde peut aussi être différent d'un enfant à l'autre. Par exemple, décider de garder le premier à la maison puis mettre le second à la crèche ou chez une assistante maternelle parce qu'on s'est rendu compte que ça ne nous convenait pas, et vice-versa. Et si vous n'avez pas eu le choix, ne culpabilisez pas, vous avez fait ce que vous pouviez avec les cartes que vous aviez.

Pour ma part, à la naissance de notre premier enfant, j'ai décidé de rester à la maison pour m'occuper d'elle. Je ne me voyais pas la confier à quelqu'un d'autre, c'était mon premier enfant et je m'en sentais incapable. J'ai donc demandé une rupture conventionnelle. Financièrement c'était compliqué, je ne touchais même pas 500 € par mois de chômage.

Souvenez-vous je suis tombée enceinte alors que je travaillais dans une salle de sport avec la fameuse manager qui m'avait fait la misère. Lorsque j'ai été en congé parental, j'ai su que je n'y retournerai plus, je voulais m'occuper de ma fille et je voulais surtout ne plus retourner là-bas.

Je devais reprendre le travail huit semaines après la naissance, une semaine avant j'ai pris rendez-vous avec le directeur pour lui demander une rupture convention-nelle. Il m'a ri au nez avec beaucoup de mépris :

« Nous ne signons pas de ruptures conventionnelles. »

Mais ce qu'il ne savait pas c'est que j'avais préparé un dossier dans lequel j'avais rassemblé minutieusement toutes les preuves de maltraitance et d'injustice à mon égard depuis l'annonce de ma grossesse. J'ai pris le dossier et je l'ai posé sur la table. Je lui ai dit :

« Regardez, vous allez changer d'avis. »

Il a commencé à regarder et à peine dix minutes plus tard il a refermé le dossier en me demandant :

« Vous voulez combien ? »

Il la ramenait moins Fantomas ! Première victoire pour moi après tous ces mois d'injustices et de pression psycho-logique. La maternité te rend forte, j'aurais été incapable de faire ça avant ma grossesse. Mais être mère m'avait clairement rendu plus forte, une sorte de puissance indes-tructible. J'ai pu ainsi continuer à m'occuper de ma fille.

Chapitre 5

SOS, maman en détresse !

HEIGH-HO, HEIGH-HO !
ON RENTRE À LA MAISON !

Le retour à la maison est encore une épreuve à la Koh Lanta, sauf que tu n'as personne qui vote pour toi. Tu es seule. D'un côté, tu as hâte de rentrer et de retrouver ton chez-toi, tes habitudes, tes proches, et de l'autre, tu sais que tu ne pourras plus appeler la sage-femme ou la puéricultrice pour venir t'aider. Angoisse. C'est à ce moment-là qu'il faut se rappeler et se répéter la phrase suivante :

« Si les autres y arrivent alors moi aussi
je peux y arriver ».

Mon chéri avait pris une semaine pour rester à la maison, à deux c'était plus simple. À deux on a moins peur. Plus on est de fous plus on rit ! Et qu'est-ce que c'est drôle de passer des nuits blanches à deux !

Puis il a repris le boulot et c'est à ce moment-là que petit à petit, je suis devenue l'ombre de moi-même. La douche durait deux minutes top chrono (quand je me douchais parce que parfois je n'y arrivais même pas), mes cheveux étaient souvent gras et attachés, je mangeais à des heures décalées, des restes de pâtes de la veille. J'avais l'impression d'être constamment débordée, je m'en voulais, j'avais l'impression de ne pas savoir gérer. Je me comparais à certaines mamans et je me disais : « Pourquoi est-ce qu'elle a l'air de gérer si bien et que c'est si compliqué chez moi ? » C'est en grande partie à cause d'Instagram. Ces comptes parfaits de mères parfaites qui gèrent 3 enfants parfaitement bien pendant que toi tu galères avec un seul. Ces mères éperdument heureuses tous les jours de leur maternité, qui gèrent leur vie de couple, de mère et de working girl alors que toi tu n'as pas réussi à te laver les cheveux depuis quatre jours. Ces comptes qui te font te sentir comme une merde. Je l'ai vécu moi aussi et c'est parce que je l'ai vécu que j'ai voulu changer les règles. J'ai commencé à raconter la réalité, MA réalité aussi cruelle soit-elle sur la vie de maman. J'ai parfois essuyé des critiques à cause de ça. J'ai compris qu'il y avait encore plein de sujets tabous, que la pression sociale sur nous les femmes existait bel et bien. J'ai compris qu'on n'avait pas le droit de se plaindre sous prétexte qu'on a eu la chance d'enfanter et d'autres non, sous prétexte qu'être mère c'est la plus grande bénédiction au monde. Les femmes ont longtemps cru à tout ça. Elles ont longtemps souffert en silence, ont subi des burn-out, toujours en silence. En silence s'il vous plaît. Moi j'ai décidé de sortir de ce silence. Cela m'a aidé à voir que je n'étais pas seule à vivre toutes ces difficultés, à ne pas trouver ma place dans cette nouvelle vie. À travers mes récits j'ai réconforté tout un tas de mamans aussi et c'est grâce à elles que j'écris ce livre aujourd'hui.

ME VOILÀ MAMAN DEPUIS QUARANTE-HUIT HEURES

- « Gérer un bébé alors qu'on ne savait pas se gérer nous-mêmes. »
- « Être à fleur de peau, cette peur de mal faire. »
- « Se dire que cette nouvelle personne dépend totalement de nous. »
- « L'inconnu. »
- « La fatigue. »
- « Les montées de lait. »
- « Te relever la nuit comme un suricate pour surveiller bébé qui fait des bruits chelous. »
- « Subir les douleurs de la césarienne. »
- « Les pleurs de ma fille qui avait un RGO. Cela a duré six mois, c'était horrible pour tout le monde. »
- « Le manque de sommeil. »
- « La dépression post-partum. »
- « La solitude. Papa part travailler et tu te retrouves seule face à ce bébé. »
- « La douleur de l'épisiotomie. »
- « Se sentir impuissante face aux pleurs. »
- « La première nuit seule à la maternité quand bébé ne fait que pleurer. »
- « La mise en place de l'allaitement. »
- « On m'a dit : "Tu verras cette vague d'amour", mais je ne l'ai pas eue… »
- « On ne m'a pas assez renseignée ni aidée pour l'allaitement. »
- « Supporter les montées de lait sans vouloir allaiter. »
- « La peur d'aller à la selle. »

- « Je n'ai pas ressenti ce fameux "amour indescriptible" à la naissance, il m'a fallu du temps. »
- « Ne pas comprendre ses pleurs. »
- « Le ventre vide. »
- « Ne pas avoir de mode d'emploi, la peur de mal faire. »
- « Et regarder ton chéri dormir par terre sur un matelas à la mater' parce que c'est drôle. »

ET NOTRE CORPS DANS TOUT ÇA ?

Le ventre est vide, mais il est encore rond. D'ailleurs je me souviens de mon beau-père qui était venu nous rendre visite et m'a demandé :

« T'as un deuxième bébé dans le ventre ? »

C'était censé être drôle, mais il était seul à se marrer. Surtout que j'aurais pu lui retourner la question :

« Et vous, c'est pour quand ? »

Certaines subissent une épisiotomie importante, d'autres une césarienne, les forceps… Moi je m'en suis sortie avec une « simple » déchirure, 2-3 petits points et pourtant j'avais l'impression que mon corps était en chantier.

Un ventre vide, des saignements plus ou moins importants et une chute hormonale qui me faisait pleurer pour un oui et pour un non. Je pouvais pleurer parce que je trouvais mon enfant magnifique, pleurer parce qu'il pleurait, pleurer parce qu'il y avait une compote de pomme et

que je voulais une compote de fraise, pleurer parce que…
aucune idée, mais en gros t'es devenue Bob L'Éponge
imbibée d'émotions.

C'est à ce moment-là qu'il faut être attentif à la dépression post-partum. Toute l'attention est tournée vers le nouveau-né et souvent la mère est oubliée. Sans parler de la chute hormonale qui n'aide en rien.

DÉPRESSION
POST-PARTUM (DPP)

J'ai longtemps confondu la DPP avec le baby blues. Tout simplement parce que la DPP tant qu'on ne la vit pas on ne sait pas ce que c'est. Et encore une fois il n'y a pas assez de prévention sur le sujet. Alors, quelle est la différence entre les deux ? Je me suis informée auprès d'un maximum de mamans qui l'ont vécue, pour essayer de comprendre.

Baby blues ou dépression post-partum ?

Le baby blues est un état normal et passager qui touche 50 à 80 % des mères[1]. Il apparaît en général dès le troisième jour après l'accouchement et peut durer jusqu'à quinze jours. Il s'explique par la brusque chute hormonale et est amplifié par le manque de sommeil et l'anxiété due à ce nouveau statut de mère. S'en suivent des sautes d'humeurs et des crises de larmes souvent sans raison apparente.

---

1. *La Maison des Maternelles.*

Si les symptômes persistent et s'amplifient au-delà de deux semaines il peut s'agir d'une dépression post-partum ou postnatale. Celle-ci touche 10 à 20 % des mères et contrairement au baby blues, elle est considérée comme une maladie qui doit faire l'objet d'un suivi par une équipe médicale.

Pour ma part j'ai vécu un baby blues à la suite de mes accouchements et il n'y a pas grand-chose à faire si ce n'est demander de l'aide pour se reposer, en être consciente et se dire que ça va passer. Si ça ne passe pas, c'est là qu'il y a un problème.

La dépression postnatale est une maladie qui touche essentiellement les mamans, mais parfois aussi les pères et ça, je ne le savais pas jusqu'à ce que je me penche un peu plus sur le sujet.

> Chéri, lâche tout de suite
> ce pot de nutella !
> C'est le huitième que tu manges
> en pleurant sur les toilettes depuis
> ce matin avec le bébé sur tes genoux.

Les témoignages qui suivent sont extrêmement poignants. Ils prouvent que les mères sont des warriors et que devenir mère te donne une force incroyable.

Certaines ont pu parler de leur dépression pour la première fois, ce qui prouve bien que le sujet est encore tabou. Il est grand temps d'en parler et d'échanger sur cette période difficile de la maternité.

Témoignages

sur la dépression post-partum

« En 2017, j'accouche de ma deuxième fille. Contrairement à mon premier accouchement où j'ai pleuré tous les jours à la maternité si bien qu'ils ne voulaient pas me laisser sortir, cette fois-ci pas une larme, mais un profond bien-être grâce à beaucoup de maternage. À la maison, pareil, le papa a pris un mois pour être avec nous, nous vivons un rêve éveillé.

Mais à la reprise de son travail, je sens que je vais de moins en moins bien et je n'ai personne pour m'aider. J'appréhende chaque réveil de mon bébé, chaque soin... Je me sens l'ombre de moi-même !

Le jour où je vais chez mon médecin sur les conseils de la PMI, je peux à peine parler. Je suis pleine de culpabilité et d'angoisses. J'ai pourtant tout pour être heureuse. J'ai reçu beaucoup de compréhension et un traitement adapté. Il faut que je sois douce avec moi-même. Le pédopsychiatre m'a rassurée en me disant que ma fille n'avait pas subi mon état. Elle va bien et je suis soulagée. Au fur et à mesure des semaines, je vais de mieux en mieux. Je respire à nouveau. Je reprends le travail et petit à petit, je recommence à vivre. J'ai de bons souvenirs de cette période malgré tout, mais je ne souhaite pas revivre ce mal-être. C'est sans doute pour ça que je n'aurais pas d'autre enfant.

« Pour ma première fille, mon accouchement a été difficile. Elle est restée bloquée trente minutes dans mon bassin et mon coccyx n'a pas résisté. Seule dans ma chambre, le coccyx fracturé, avec ce petit être magnifique, mais ingérable (elle hurlait sans arrêt), j'avais tellement mal et tellement peur que j'étais incapable de la consoler. Cette nuit-là, je me suis dit qu'elle était là et que je n'avais pas d'autre choix que d'assumer. On l'avait voulu, elle était là, nous avions tout pour être heureux ! Alors j'ai serré les dents et je me suis mise en mode machine. Je m'occupais de ses besoins primaires, mais je n'arrivais pas à la câliner avec amour.

Je croyais que je n'avais pas le droit de ne pas ressentir d'amour tout de suite pour mon bébé alors je n'ai rien dit. Je suis restée pendant un an, à m'en vouloir et à lui en vouloir de m'avoir démoli le coccyx et de pleurer sans me laisser de répit. J'ai perdu plus de 10 kilos, je ne me reconnaissais plus. Un jour, en allant chez le médecin pour ma fille, il m'a demandé comment j'allais. Les larmes ont coulé. Les jours suivants j'ai continué à cacher mon mal-être pour ne pas avoir à avouer que ce rôle de mère, je n'en voulais plus. Je suis entrée dans un tourbillon morbide où je voyais tout en noir. Je me disais que si je sautais sous le train tout irait mieux, je serais apaisée, je n'aurais pas besoin de me justifier. Aujourd'hui j'ai honte d'avoir pensé ainsi, mais ça m'a aidé à ouvrir les yeux. Un soir, j'ai explosé, j'ai crié et pleuré. J'ai dit à mon conjoint que je n'arrivais plus à faire semblant, que je ne voulais plus vivre, que j'étais incapable d'être mère parce que c'était trop de responsabilités, de douleurs. J'étais vidée, mais soulagée. J'ai enfin pris rendez-vous chez le médecin et le chemin a été long, mais aujourd'hui je suis guérie.

« Je souffre d'endométriose, mais j'ai eu le bonheur de tomber enceinte au bout d'un an. L'accouchement a été un cauchemar : dilatation complète à peine la péridurale posée, chute de tension, le cœur du bébé qui ralentit, il reste bloqué, forceps et là… ma fille sort sans un bruit. Elle a été blessée et a failli perdre un œil. Si je résume : le papa n'était pas présent, mon projet de naissance n'a pas pu être respecté et ma fille a été emmenée directement en néonatologie. Ils me l'ont ramenée une heure après, mais je me suis sentie vide. J'ai eu l'impression de ne pas l'aimer et je m'en veux aujourd'hui encore de n'avoir rien ressenti.

J'ai fait semblant pendant trois mois, mais je pleurais tous les jours. Puis c'est devenu encore plus dur… Je lui donnais le bain et me voyais la noyer. Je me voyais la secouer alors qu'elle dormait, je me voyais l'étouffer dans son sommeil ou même la frapper. Je ne dissociais plus mes pensées de la réalité. Je ne savais plus si je le faisais vraiment ou non. Et je m'en voulais encore plus. Personne n'en parlait et je pensais ne pas être normale. Je ne voulais pas lui faire de mal, donc je la rejetais inconsciemment, mais plus je la rejetais, plus elle ne voulait que moi et pas son père. J'ai fini en position fœtale à pleurer dans ma salle de bains. J'ai eu six mois d'antidépresseurs et de thérapie. Thérapie que j'ai continuée tous les mois pendant ma seconde grossesse et après. Tout s'est très bien passé et je m'en suis voulu d'avoir directement ressenti cet amour indescriptible pour mon fils. Depuis j'ai compris que tout était lié aux circonstances, mais c'est important de détecter les signes au bon moment sinon cela peut mal tourner.

« Tout a commencé au moment de l'accouchement où après plus de quarante-huit heures de travail, j'ai eu une césarienne d'urgence. C'était un coup de massue, j'avais subi deux jours de douleur et on m'enlevait mon accouchement !

Je suis tombée sur un personnel soignant désagréable. J'ai demandé de l'aide pour mettre mon fils au sein, car j'avais de très fortes douleurs au ventre, mais soit elles ne se déplaçaient pas, soit elles me faisaient comprendre que je les agaçais… j'ai dû renoncer à l'allaitement. Après la jaunisse de mon fils qui a prolongé mon séjour à l'hôpital, je suis rentrée à la maison et je me suis effondrée. Je n'osais pas dire à mon compagnon que je ne ressentais rien pour lui. Ce bébé que j'avais mis au monde et que j'avais rencontré trois heures après l'accouchement ne me faisait pas vibrer.

Alors j'ai pris sur moi, je n'ai surtout rien dit, car j'avais honte. J'ai dormi pour échapper au quotidien. Je n'ai fait aucun coucher du soir pendant au moins un mois. J'en étais même rendu à avoir des idées noires. Le retour au travail m'a sortie petit à petit de ma détresse. Mon fils a aujourd'hui 2 ans et demi et même si je fais en sorte que ce mauvais passage de nos vies s'efface, il a gardé, je pense, les séquelles de cette période. Son papa est sa personne de confiance, ils sont très fusionnels et je ne peux m'empêcher de penser que c'est à cause de cette « petite » dépression post-partum où je n'ai pas su, pu, vivre mon rôle de maman à fond. Si je dois retenir une leçon de cette période : faire comprendre à mes amies qui accouchent qu'elles ne sont pas seules, que ça existe et que c'est ok.

« Pour l'accouchement de mon premier fils, il a fallu utiliser les spatules et j'ai eu 23 points de suture. L'horreur. Impossible de me lever ou de m'occuper de lui. Mon mari était très présent et gérait très bien notre fils, mais je me sentais inutile et incompétente. Puis petit à petit, la peur s'est installée. J'étais en panique d'être seule avec mon fils, de ne pas savoir m'en occuper.

Les deux premiers mois ont été horribles, mon fils pleurait non-stop de 19 h 30 à 4 heures et bizarrement surtout les nuits où mon mari infirmier partait travailler. Avec le recul, je comprends que MON stress agissait directement sur mon fils. Et là tu te dis : « Je suis tellement une mère de merde que c'est à cause de moi que mon fils est mal ! »

Admettre que je n'allais pas bien m'a beaucoup aidée. Je me noyais et en parler à ma mère et à mon mari m'a sauvée. Ensuite, j'ai enfin compris que j'étais « normale » et que « ça arrive ». On est humaines ! Depuis, j'ai eu mon second fils et un accouchement moins traumatisant. Mes enfants sont parfaits. Maintenant je suis un roc. Je serai toujours là pour eux et me battrai comme une lionne pour ma famille. Oui, la dépression est très dure, mais si on est bien entourée et écoutée… on s'en sort.

« J'ai toujours voulu des enfants, plus que tout, un besoin presque viscéral, mais à 25 ans on me diagnostique un cancer du col de l'utérus. Les médecins m'annoncent que je n'aurai probablement jamais d'enfants… Je me bats et finis par m'en sortir.

Après trois ans de galère, ma fille arrive. Une boule d'amour déboule dans nos vies. Grossesse et accouchement parfaits, mais je commence à sombrer. Je me sens nulle comme mère et les réflexions de l'entourage m'enfoncent. Je me noie et passe par des phases où rien ne va, puis tout va bien.

Toujours cette même pensée que je ne suis pas une bonne maman, c'est fou comme la pression de l'entourage et de la société peut peser sur nos épaules. Je décide de me faire suivre par un psychologue et je retrouve ma confiance en moi et en tant que maman. On décide d'agrandir notre famille, mais je perds mon bébé à quatre mois de grossesse. Je sombre, mais étrangement moins que pour ma première grossesse. Je retombe enceinte, mais la grossesse et l'accouchement sont très compliqués. Pourtant à ce moment-là, je me sentais comme une guerrière ! Tout allait bien, mais il y a deux mois, ça me tombe dessus. Je deviens aigrie, je suis persuadée de ne plus aimer mes enfants et de ne plus les supporter. Pourtant, je les aime plus que tout… Je n'ai pas d'aide autour de moi, ma belle-famille est loin et j'ai coupé tout contact avec ma famille toxique. Je suis seule avec mon conjoint et mes enfants et j'ai eu très peur de basculer et de leur faire du mal. J'ai consulté un psy en urgence et j'ai pris conscience que l'arrivée de mes enfants a fait remonter beaucoup de choses liées à mon enfance. Mon psy m'a dit quelque chose de très juste : « On ne devient pas maman à l'accouchement, mais au fur et à mesure du temps passé avec nos enfants. » Aujourd'hui je vais mieux, j'aime mes enfants plus que tout, et je recommence à les supporter. Je répare mon cœur d'enfant pour continuer à être une super maman.

« Beaucoup de femmes pensent que c'est facile d'aimer son enfant ou d'être juste heureuse d'avoir un enfant. Moi, j'ai très mal vécu la naissance de mon fils. Je n'ai pas ressenti cet amour inconditionnel dès que je l'ai vu. Au contraire, ses premiers pleurs m'ont énormément angoissée. Je me suis toujours très bien occupée de mon fils (du mieux que j'ai pu en tout cas), mais je ne l'aimais pas. Et ce qui m'a permis de m'en sortir, c'est d'en parler.

J'ai consulté une psychologue, car l'entourage n'est pas toujours bienveillant ou de bon conseil. À la naissance d'un enfant, toute l'attention est sur lui, à aucun moment et ce depuis que mon fils est né (il y a deux ans), on ne m'a demandé comment j'allais !

C'est très facile de juger, mais il a fallu que j'accepte de devoir m'occuper de quelqu'un d'autre que moi, d'être fatiguée… et de craquer. Ses pleurs m'angoissaient et je sortais parfois sur la terrasse en plein hiver pour hurler. Tous mes gestes étaient automatiques, sûrement le fameux instinct maternel. L'amour ne vient pas au premier regard. Tout le monde te dit que tu as l'air fatiguée, mais personne ne te propose de prendre ton enfant pour te reposer. La dépression post-partum existe et peut être destructrice.

ET LE COUPLE
DANS TOUT ÇA ?

Enceinte, je me souviens que la simple respiration de mon chéri pouvait m'énerver et souvent j'étais à deux doigts de lui dire : « Tu peux respirer moins fort s'il te plaît ? » Les hormones c'est puissant quand même !

Certains couples se séparent pendant cette période, j'ai connu des hommes qui trompaient leur femme pendant la grossesse. J'ai toujours trouvé ça immoral. J'ai du mal à comprendre comment un homme peut aller voir ailleurs pendant que sa femme se tape des nuits de m…, 10 kilos dans les fesses et 5 dans le ventre, des hémorroïdes et des remontées gastriques pour créer un enfant qui est aussi le sien !?

Moi-même, j'ai reçu des avances d'un type dont la copine était enceinte et vous savez quoi ? Ça me rebutait.

La grossesse met le couple à rude épreuve, il faut se serrer les coudes. Donc si un couple n'est pas solide, l'arrivée du bébé risque de le fragiliser encore plus. Le manque de sommeil fait que tout le monde est à cran, que le moindre pet de travers peut te faire craquer. Le sexe avait clairement disparu, je n'avais aucune envie, et je n'avais pas le temps. C'est vrai, quand elle dormait, il fallait que je dorme aussi pour récupérer un peu, et ce fichu linge qui s'accumulait, j'avais l'impression que dans la nuit des inconnus débarquaient chez moi pour me déposer leur linge sale.

Oui, mon mec passait largement après le bébé, le sommeil, les courses et le ménage. Cela aurait pu détruire mon couple, mais nous étions plus solides que jamais et j'ai su grâce à cette épreuve que c'était l'homme de ma vie, qu'ensemble on pourrait partir en guerre et qu'ensemble on l'aurait gagnée.

Cet homme était là lorsque je roulais par terre pour faire mes lacets, lorsque je rotais à faire trembler les murs à cause de mes remontées acides. Il était là lorsque j'ai (peut-être) fait caca sur la table d'accouchement, lorsque j'ai porté des espèces de couches pendant trois semaines. Il était là lorsque je passais du rire aux larmes avec mes cheveux en chignon digne d'une échappée de l'asile, et même lorsque je pleurais de douleur à cause des crevasses.

⟶ Si ça, c'est pas une équipe...

STOP À LA CULPABILITÉ

Il y a quelque temps, j'ai lu un livre sur la maternité et l'auteure (une femme) conseillait aux lectrices de ne pas se laisser aller pour continuer de plaire à monsieur. J'ai trouvé ce passage terrible. Toujours cette pression sur les épaules des femmes : être une bonne mère, une femme attirante pour son mari, indépendante financièrement, gérer le ménage, et le tout avec le sourire s'il vous plaît.

J'étais incapable d'être cette femme que la société définit comme la femme parfaite. Je ne l'étais pas, j'avais besoin de temps, et ça, mon chéri l'a compris et accepté.

Jamais on ne dira à un homme : « Attention, il faut que tu continues de plaire à ta femme, à la satisfaire sexuellement, sinon elle va aller voir ailleurs. »

Moi, j'ai envie de vous dire : oui prenez soin de vous dès que vous avez un peu de temps, oui portez du rouge à lèvres sans raison particulière, oui allez chez le coiffeur rafraîchir votre coupe, oui laissez-vous tenter par un petit haut sexy, mais avant tout faites-le pour vous !

Tu culpabilises déjà de ne pas réussir à calmer les pleurs de ton bébé et de laisser la maison en bordel, il est hors de question que tu culpabilises de ne pas satisfaire monsieur. Tu ne peux pas porter tous les malheurs du monde sur tes épaules. Le couple est une équipe qui doit se soutenir mutuellement pour avancer (c'est beau ce que je dis). Très sincèrement, j'étais vraiment en colère de lire cette phrase, et en même temps contente de ne pas être tombée dessus au moment où j'étais l'ombre de moi-même, où je cherchais à trouver un équilibre entre ma personne, mon rôle de mère et mon couple. Ça m'aurait fait culpabiliser davantage de ne pas y arriver.

 **Laissez-vous du temps.**

Et vous les filles,

votre couple après bébé ?

❮❮ Au début monsieur n'avait pas pris son congé paternité, donc la journée, je m'occupais seule de ma fille. Le soir, ça lui arrivait de donner le bain et le biberon. La nuit, notre fille ne se réveillait qu'une fois donc je me levais. J'ai créé un lien très fort avec ma fille, car je m'occupais tout le temps d'elle au point de pleurer lorsque je la laissais à son père pendant trois heures. Celui-ci a eu beaucoup de mal avec le fait de passer au deuxième plan. Je prenais moins soin de lui, la petite passait avant tout, mais c'était logique pour moi. Il l'a très mal vécu et s'est rapproché d'une de ses collègues. Il a fini par me quitter sous l'influence de celle-ci quand notre fille avait à peine 5 mois.

❮❮ À l'arrivée d'Anna, les choses ont un peu changé. Je l'allaitais, du coup c'est vrai que j'ai mis un peu le papa de côté. Il y avait une telle fusion avec ma petite. Et puis, elle a maintenant 3 ans. J'ai l'impression d'être juste une colocataire parfois. Travail, ménage, repas, dodo et ça recommence. Nous sommes un peu distants, mais nous nous aimons.

❮❮ L'arrivée de ma princesse a forcément créé un changement dans mon couple, mais nous nous aimons encore plus, il dit être encore plus fier de moi ! Nous avons moins de temps pour nous deux, pour l'intimité ça permet d'innover et de se retrouver encore mieux ! Et oui un bébé peut créer des disputes, car la fatigue met de la tension et je me sens à fleur de peau et sur la défensive. J'ai retrouvé ma ligne, mais mon bidon me manque énormément. Je me sentais tellement plus belle enceinte que j'ai moins envie de prendre soin de moi, ce qui je pense déplaît à mon chéri. Mais je vais y remédier.

« La première année, il était investi, on était heureux, mais vers les 18 mois de notre fils, il s'est fortement éloigné au point qu'il n'a plus eu sa place entre mon fils et moi. Thiago a maintenant 4 ans et je n'ai vécu que pour lui ces quatre dernières années parce qu'il n'y avait que moi pour s'occuper de lui. Je ne sais pas si notre couple s'en relèvera, mais c'est sûr qu'il y a eu un avant et un après bébé. On était pourtant ensemble depuis six ans et demi quand bébé est né, je pensais que ça nous renforcerait, mais ça a été l'inverse. Ça a cassé un truc entre nous.

« L'arrivée de mon fils a changé les choses dans mon couple, mais au bout de cinq, six mois. Je me rends compte que je suis devenue plus distante, moins câline. Le fait de devenir maman m'a fait changer sur beaucoup de points. Je ne suis plus tellement en accord avec mon chéri sur l'éducation, la façon de voir la vie, etc. Aujourd'hui mon fils a 14 mois et on a eu un gros passage à vide où j'ai eu besoin de me retrouver sans mon compagnon pendant quelque temps pour me ressourcer. Est-ce que ça a fonctionné ? Je dirais un peu, il me manquait et je l'aime. J'espère que j'arriverais à me retrouver en tant que femme et compagne et que tout ira bien. Qui vivra verra comme on dit.

❮❮ Notre si belle histoire d'amour, lui qui m'a tant soutenue à l'arrivée de notre fille alors qu'il n'avait que 17 ans ! Il représentait tout… mais il m'a trompée. J'ai voulu le quitter, mais il avait tellement de remords et a fait tant d'efforts pour me reconquérir. Est-ce qu'une erreur sur dix ans de relation et deux enfants mérite qu'on y mette fin ? J'ai décidé de pardonner. Mon couple est plus solide aujourd'hui. Je ne vais pas dire que je suis contente qu'il m'ait trompée, mais ça nous a ouvert les yeux à tous les deux. Je préfère dix fois notre couple aujourd'hui. Nous sommes heureux et avons accueilli notre troisième enfant.

❮❮ Ayant subi des sévices sexuels pendant mon enfance, tout est remonté à la surface lors de ma première grossesse. À la naissance, j'ai eu le sentiment qu'il ne me voyait plus de la même manière, alors que non, il avait besoin d'être très présent pour notre fils et je ne trouvais pas ma place. À tel point que lorsque Louis a eu 8 mois, j'ai enfin pris la décision de voir un psy pour assumer, affronter ce que j'avais subi. Je risquais trop de tout perdre, mon mari, mon fils et ce n'était pas possible. Et j'ai bien fait parce qu'aujourd'hui nous sommes plus heureux que jamais.

❮❮ Avec la prématurité de nos enfants, on est devenus plus soudés que jamais. On a surmonté toutes les épreuves. Mon mari m'a soutenue face aux critiques, jugements et parfois insultes des gens de son entourage envers moi. Aujourd'hui, on est moins entourés, on a viré les gens toxiques et on profite d'une vie de famille paisible. J'ai le meilleur ami, mari et allié que je pourrais souhaiter avoir.

《 On vient de vivre notre première année à cinq dans une atmosphère assez compliquée, mais on s'aime. Les enfants ont un père tellement fabuleux, qui rentre le soir et qui s'amuse avec eux. Il va les chercher à l'école et chez la nounou. Parfois on s'oublie tous les deux et j'ai toujours, même après treize ans d'amour, besoin d'affection, besoin d'être collée à lui ! Alors on laisse les enfants chez papi/mamie et on se retrouve, on rigole comme des enfants, car oui à 31 ans et parents de trois enfants nous sommes encore nous-mêmes des enfants à se chamailler pour tout et pour rien.

PRÉVOIR DES SOIRÉES À DEUX

J'ai parfois entendu des femmes me dire : « Si nous avons un autre enfant, mon couple risque de ne pas tenir ! » En creusant un petit peu plus, je constate que ce sont souvent des couples qui ne s'accordent que très peu de temps ensemble sans les enfants. Souvent l'un des deux aimerait passer plus de temps en amoureux. Le déséquilibre s'installe.

J'ai besoin de passer du temps seule avec mon chéri. Ce besoin a toujours été présent, sauf après avoir accouché. J'avais des priorités et je vous avoue que passer du temps en tête à tête avec chéri n'en était pas une. Et là encore c'est propre à chacune ! Certaines vont pouvoir laisser bébé quelques heures assez rapidement pour s'accorder des moments à deux, pour d'autres ce sera des semaines, des mois plus tard, et c'est ok. Ce qui est important c'est de trouver un équilibre qui convienne à tout le monde.

Une fois, par exemple, nous étions en vacances à Marseille, Eléa devait avoir environ 18 mois.

Mon meilleur ami était lui aussi à Marseille pour quelques jours. On en a profité pour lui demander de surveiller Eléa pour qu'on puisse avoir une soirée en amoureux. Eléa était réglée comme une horloge pour le coucher : 20 heures pétantes. Ni plus ni moins.

Nous avions instauré un rituel dès ses 10 mois environ. Rituel qu'on a respecté à la lettre. Nous avons souvent refusé des dîners, ou des soirées chez des amis, pour pouvoir respecter son rituel du coucher. Une contrainte qui paye si on s'y tient. C'est comme pour le régime en fait… j'avoue le régime c'est plus difficile de s'y tenir. Mauvais exemple, mais vous avez compris les filles.

Fabien, mon meilleur ami, est donc venu vers 20 h 30, Eléa dormait et nous sommes partis en douce profiter de notre soirée rien que tous les deux. Soirée qui s'est finie par un cocktail en terrasse d'un hôtel prestigieux avec une vue romantique sur le vieux port.

Quel bonheur !

EST-CE QUE JE CULPABILISAIS
DE LAISSER MON ENFANT ?

Pas vraiment non. On a même hésité à rentrer, changer d'identité et quitter le pays sans rien dire. Clairement, je n'ai jamais culpabilisé de laisser mes enfants à une personne en qui j'avais pleinement confiance pour prendre soin de moi quelques heures.

La première année, c'était plus compliqué de laisser ma fille, surtout le soir, à cause de l'allaitement et des multiples réveils, mais petit à petit elle a appris à s'endormir sans téter et moi j'ai appris à lâcher prise.

Je laissais une liste longue comme le bras avec toutes les consignes, en gros les 80 000 commandements d'Eléa. Et je regardais mon portable toutes les cinq minutes pour m'assurer que je n'avais pas loupé un appel. J'ai ressenti la même chose pour mon deuxième, tant que l'endormissement autonome n'était pas acquis j'avais du mal à le laisser la première année. J'avais l'impression que j'étais la seule à savoir comment faire. Pour mon deuxième en revanche j'étais plus confiante pour le laisser à son père. On apprend à lâcher prise.

Une mère en pleine forme qui aura pris du temps pour elle est une maman qui reviendra avec des batteries rechargées pour mieux supporter les nuits blanches et les pleurs.

**« C'est comme pour une voiture,
elle roulera toujours mieux
avec le plein que sur la réserve.**

Chapitre 6

UN NOUVEL

NOUVEL

équilibre !

MÈRE AU FOYER...
C'EST UN MÉTIER

Les journées s'enchaînaient, tout le monde avait pris un rythme… tout le monde sauf notre fille. À croire qu'elle avait sa propre temporalité, comme une quatrième dimension où elle serait la cheffe. Même Chanel, notre chatte, avait pris l'habitude de ne plus être le centre du monde, et avait fini par accepter de me partager. Mais Eléa continuait de se réveiller toutes les nuits. Mes journées étaient dictées par son rythme à elle : sieste, balade, tétées, caca, re-sieste (dans mes rêves), re-tétées, re-balade re-caca. Après le boulot/métro/dodo je suis passée au lolo/popo/dodo sans m'en rendre compte.

UN BOULOT À PLEIN TEMPS

Quand je pouvais descendre à la pharmacie toute seule c'était trop cool, j'avais l'impression de me faire ma petite sortie du mois. Mon homme rentrait le soir et me disait :

« Alors ? Ça a été ta journée ? »

Oui, pareil que celle d'hier. Au début ça m'allait, je vivais à son rythme, elle dictait comment allaient se passer mes journées, et j'y prenais même plaisir, on ne va pas se mentir j'étais complètement obnubilée par ce petit être. Je passais mes journées à la photographier et pendant ses siestes au lieu de dormir pour récupérer des nuits pourries, je passais mon temps à regarder les photos, à supprimer (à contrecœur) celles en double parce que mon téléphone n'arrêtait pas de m'indiquer : mémoire pleine. Aussi j'envoyais quotidiennement des photos à mes proches, je savais bien qu'ils n'en avaient rien à faire d'Eléa en couche, d'Eléa en pyjama, d'Eléa en train de téter, de dormir, de vomir, de bâiller, de pleurer, Eléa dans la poussette, en portage, Eléa au parc... c'était clairement devenu une sorte de Martine à la plage.

Tous les soirs je comptais les heures, puis les minutes avant que son père ne rentre du travail et qu'il puisse prendre le relais. Parfois je le harcelais de messages pour savoir où il en était. « Je suis là dans vingt minutes », vingt-et-une minutes plus tard, je pouvais envoyer un message pour l'embrouiller. J'étais à la minute près.

ATTENTION À L'ISOLEMENT

Je n'avais que très peu de vie sociale. Ma fille ne voulait pas rester avec son père et pouvait hurler pendant toute la durée de mon absence, autant dire des heures. Elle était inconsolable. Forcément cela réduisait davantage le peu de vie sociale que j'avais. Comme je vous l'ai dit, la pharmacie et le Franprix en bas de chez moi étaient devenus mes seules sorties.

Je me souviens, un jour une copine était venue me rendre visite avec ses Louboutin et son brushing. Bordel, j'ai fait une fixette sur ses escarpins, moi qui n'avais pas quitté mes baskets blanches depuis des lustres. Enfin « blanches », ce n'était plus vraiment le cas. D'autant plus que j'ai peint la semelle en rouge dès le lendemain. C'était le bordel à la maison, j'avais honte. Elle s'est assise, m'a regardée et a dit :

« Les tenues stylées elles datent hein ! »

Je n'ai rien dit. J'ai avalé ma salive et ma fierté et puis Eléa s'est mise à pleurer. Je n'arrivais pas à la calmer, comme souvent, alors je lui ai proposé qu'on parte se balader avec la poussette, parfois ça la calmait et ça me donnait un peu de répit. Elle a enfilé ses Louboutin, moi mes baskets grises, qui étaient blanches à la base et on est sorties. Cette copine n'était pas mère à l'époque et je ne lui ai jamais dit, mais ce jour-là je me suis sentie inférieure. Ce n'est pas le genre de visite dont j'avais besoin à ce moment là. Elle ne l'aurait peut-être pas compris. Coucou si tu me lis, sache que je reporte des talons !

L'entourage aussi peut parfois être blessant, maladroit, notamment les belles-mères. Si certaines peuvent être d'une grande aide notamment pour prendre le relais avec bébé, d'autres ont perdu leur bienveillance en 1958 (peu de temps après leur naissance).

Je dis ça, mais je n'ai plus de belle-maman, elle est décédée avant que je fasse connaissance avec mon chéri. Mais à croire certaines d'entre vous, la belle-maman peut être celle qui vous met les hormones à rude épreuve pendant votre grossesse et surtout après. Les fameux :

« Tu devrais faire plutôt comme ça »,

« T'es sûre qu'il n'a pas faim »,

« Il est fatigué, si, si, je le vois »,

« Il a froid, il n'est pas assez couvert ».

Et vous les filles,

votre belle-mère ?

❮❮ On habitait dans un immeuble de deux étages, on était au rez-de-chaussée et ma belle-mère habitait au deuxième, malheureusement, et elle avait le double des clefs. Elle s'en servait non-stop. Quand elle a su que j'étais enceinte, elle a débarqué un matin sans prévenir et elle a fait mine de vouloir me frapper en disant que j'étais une gamine de merde et que ça allait être un enfant malheureux de plus sur terre pour ensuite finir par me dire que son fils allait de toute façon me tromper et m'abandonner comme tous les autres.

❮❮ J'étais enceinte et ma belle-mère a soulevé mon tee-shirt sans demander ma permission, en plein milieu de sa boutique pour faire voir mon ventre à toutes ses copines. Je n'ai pas su quoi dire ou faire. Ça m'a beaucoup perturbée.

❮❮ Le jour est venu où il a fallu mettre ma fille chez une nourrice. Ma belle-mère a piqué une crise parce qu'elle voulait rencontrer la nourrice. Je lui ai expliqué qu'elle n'était que la grand-mère et qu'elle n'avait aucun droit. Elle a réussi à détruire mon couple. Nous avons fini par nous séparer.

《 À la sortie de la maternité, ma belle-mère nous appelait en visio et voulait qu'on laisse le téléphone dans un coin en nous disant de continuer à faire ce qu'on avait à faire. Elle voulait s'assoir dans son fauteuil tranquille pour nous mater la journée.

《 Ma belle-mère me fait toujours des réflexions du genre : « Tu surprotèges ta fille, il faut la laisser pleurer. » Elle n'hésite pas à me comparer à son autre belle-fille du genre : « Tu vois, elle l'a fait dormir dans son lit dès le retour de la maternité et toi tu fais encore du cododo avec. » C'est ultra déstabilisant pour moi.

《 Un soir où nous étions chez ma belle-mère, ma fille s'est mise à pleurer, elle avait faim et était dans ses bras. Ma belle-mère a subitement sorti son sein pour la calmer. J'étais paralysée, gênée par la situation.

《 À l'annonce de ma grossesse, elle n'a eu que des critiques et des remarques. Ce qu'on achetait c'était trop ou trop moche. Lorsque j'ai accouché, ça a été le début de la fin. Elle était toujours sur notre dos à me dire : « Fais ci, fais ça, tu t'y prends mal, les bébés de mes copines sont plus avancés. » Jamais un mot gentil. La goutte d'eau c'est quand elle est venue chez nous pendant notre absence pour fouiller les armoires, trier et vendre des habits de la petite.

❰❰ Le premier jour à la naissance de mon fils, ma belle-mère était la première à arriver dans la chambre. Elle m'a pris mon fils qui était au sein. Elle venait tous les jours pour le baigner. Elle m'appelait toutes les trois heures pour me rappeler de le nourrir et le changer... un jour j'ai craqué, je l'ai foutue dehors.

J'étais tellement prise dans mon quotidien de mère qui veut tout faire parfaitement pour son enfant ! Et puis je l'aimais éperdument, à tel point que je m'oubliais petit à petit, et mon couple avec.

Elle prenait une telle place dans ma vie que je ne voulais plus d'autre enfant. Comment pourrais-je aimer aussi fort une deuxième fois ? C'est vrai, ça paraît impossible, non ? Et puis, j'ai déjà du mal à en gérer une, alors comment je pourrais en gérer deux ?

« J'étais catégorique, je ne voulais plus revivre un accouchement, je ne voulais plus d'enfants.

Les mois ont passé, Eléa a grandi, je la trouvais drôle, belle, intelligente… C'est fou, une mère trouve toujours que son enfant est beau et surdoué. À en croire les mères, le monde entier est rempli d'Iris Mittenaere et de Brad Pitt avec le cerveau d'Einstein (si seulement…).

→ Et puis, et puis… ne jamais dire jamais !

ET POUR LE DEUXIÈME ALORS, COMMENT VIT-ON SON RÔLE DE MÈRE ?

Je ne voulais pas revivre ça, l'isolement, la vie centrée autour du bébé… Alors certes, j'avais une fois de plus choisi de m'occuper de lui, en tout cas les six premiers mois, mais je refusais de vivre la même chose. Ça m'a servi de leçon. Je ne voulais plus vivre exclusivement à travers mes enfants, je m'étais oubliée pendant tellement longtemps. À quand remontait notre dernière soirée en amoureux ? La dernière fois que je m'étais maquillée, que j'avais fait du shopping (sans elle) ?

PAPA, TU ES LÀ ?

**« ** Je ne me suis jamais projetée
quant au genre de « père idéal »
que je voulais pour mes enfants.

Il faut dire que je n'ai pas vraiment eu de modèle. Mon père était un homme qui ne montrait jamais, ô grand jamais, ses sentiments. Le seul sentiment qu'il montrait c'était la colère. Un père présent physiquement, mais absent mentalement. Il partait et fermait les yeux quand ma mère s'en prenait à moi. Sans doute pour ne pas se sentir responsable.

Forcément je ne pouvais pas avoir l'image d'un père idéal. **Le rôle du père ou du futur père a été très peu abordé jusqu'à présent dans ce livre,** peut-être aussi parce que j'ai du mal à me mettre à leur place, à savoir comment ils se sentent, comment ils vivent les grossesses, les accouchements ? Est-ce qu'ils arrivent à avoir des sentiments pour un être qu'ils n'ont pas encore vu, ni même senti ? Si oui, à quel point ? Est-ce aussi fort que nous ? Pour mon chéri ça a été compliqué de créer des liens avec le bébé pendant la grossesse étant donné qu'il ne le portait pas et ne le sentait pas dans son corps. En revanche il se projetait énormément sur son arrivée et il ressentait le besoin de le protéger plus que sa propre vie.

> Il y avait quand même
des points communs entre lui et moi.

PENDANT LA GROSSESSE

Mon chéri a assisté à toutes les échographies, il a un métier qui lui permet de s'arranger et nous avons toujours pris les rendez-vous en fonction de ses disponibilités. J'aimais bien partager ces moments avec lui et débattre après, en analysant la bouille du bébé en 3D et trouver des ressemblances avec l'un ou l'autre.

Je crois en plus que ça amuse certains mecs, qui se découvrent une âme de gynécologue ! « Tu vois là chérie, en dessous de l'oreille, c'est un pénis. C'est un garçon ! » Un pénis avec cinq doigts c'est souvent un bras, mais ça, il s'en est rendu compte à la page suivante. Je me moque, mais c'est très mignon en réalité !

Mon chéri n'était pas le genre de papa à caresser mon ventre tous les soirs et à lui chuchoter des mots d'amour. Non, c'était même plutôt moi qui lui disais : « Tu viens poser ta main ? Il bouge, viens donne ta main… » En revanche il prenait soin de moi et me rassurait beaucoup, quand j'étais fatiguée, que je me sentais moche, grosse et bonne à rien, il était là pour me rassurer. Il était toujours là pour m'épauler et me dire que j'avais le droit d'être fatiguée, que je n'étais ni moche ni grosse et que je gérais déjà beaucoup. Il me disait aussi : « Tu fais ce que tu peux. » Il a été d'un grand soutien durant mes grossesses. Et pourtant je me suis trouvée injuste parfois : « Tu n'es pas enceinte, tu ne peux pas comprendre. » Les hormones ne sont pas toujours faciles à gérer, elles mettent ton couple à rude épreuve. Tu peux embrouiller ton chéri parce qu'il t'a acheté un croissant et que tu voulais un pain aux raisins, et fondre en larmes juste après. Tu peux aussi t'embrouiller avec lui parce qu'il est minuit, que t'as envie de cornichons au Nutella et qu'il n'est même pas capable de te trouver ça. Pourtant c'est simple quand on habite à Plan-de-Cuques-Les-Bains dans le Vercors. Blague à part, pour vous donner un exemple : pendant tout le processus des contractions et de la poussée, j'ai eu besoin de vivre ce moment centrée sur moi-même. Je ne supportais pas qu'on me touche, qu'on me masse, qu'on me prenne la main, je ne supportais même pas qu'on me parle. Et il a su sagement respecter ça, sans broncher.

PENDANT L'ACCOUCHEMENT

Je me souviens lors de mon deuxième accouchement, alors que j'étais déjà dilatée à 4 avec des contractions à me faire monter au plafond, il essayait de détendre l'atmosphère et m'a dit :

« Tu as vu sur Netflix ils ont
sorti la nouvelle saison de XX ? »

Je lui ai répondu amoureusement :

« Mais j'en ai rien à fouuuuutre ! »

Rien que d'y repenser me fait sourire, mais je me dis : le pauvre quand même, ça n'a pas dû être évident. Je pense que beaucoup de femmes sont comme moi, et j'imagine (sans imaginer) la frustration du conjoint dans cette situation. Lors de mon premier accouchement, je l'ai senti perdu (moi aussi je l'étais d'ailleurs). Il voulait aider, mais ne savait pas comment. Pour les accouchements suivants, il a compris que s'il voulait m'aider il devait me laisser tranquille, être là sans être là.

ET APRÈS

Avec l'arrivée du bébé, certains hommes essayent tant bien que mal de trouver leur place. Certains couples prennent même la décision de donner des biberons juste pour que le papa puisse participer de manière équitable.

Si la maman choisit d'allaiter, elle peut aussi tirer son lait pour que le papa puisse le nourrir de temps en temps. Et puis n'oublions pas qu'un bébé n'est pas une bouche sur pattes. Il y a aussi tous les autres soins auxquels le papa peut participer : le change, l'endormissement, le portage, le bain, les câlins…

Ce que je peux vous garantir messieurs, si vous me lisez aussi, c'est que vous allez prendre encore plus plaisir à interagir avec vos enfants au fur et à mesure qu'ils grandiront. Mes enfants étaient très maman lorsqu'ils étaient bébés et en grandissant ils préfèrent leur père. Surtout Eléa. On les porte neuf mois, on laisse notre dignité sur la table d'accouchement, parfois même notre caca. Pour qu'à la fin ils ressemblent à leur père et le préfèrent… des ingrats !

La parole se libère de plus en plus autour de la parentalité pour les hommes. D'ailleurs il existe des comptes de pères sur Instagram qui abordent la parentalité de manière ludique, déculpabilisante et réaliste : « papaplume » « maviedepapagay » « samueletgaspard ».

SI TU VOYAGES LÉGER…
C'EST QUE TU AS OUBLIÉ LE BÉBÉ !

Eléa allait bientôt avoir 2 ans et commençait à peine à dormir une nuit complète, à jouer un peu seule sans nous solliciter H 24, bref je commençais enfin à reprendre un semblant de vie sociale. On était parti en vacances à Marseille, pour une petite semaine au soleil.

UNE TONNE D'AFFAIRES

Justement, parlons-en les filles des vacances avec un bébé. Avant je voyageais avec une grande valise, je la remplissais en laissant un quart de place à mon homme. Quand t'as un enfant c'est l'inverse tu remplis un quart de la valise pour toi, un quart pour chéri et le reste pour le bébé. Tout y passe : porte-bébé, pyjamas, bodys, langes, gigoteuses, couches, lingettes, bavoirs, chaussettes, collants, oui on part à Marseille l'été, mais on prend quand même des collants, on sait jamais, robes manches courtes, robes manches longues, livret de famille, carnet de santé, sérum physiologique, crème pour les fesses, crème pour le corps, shampoing, coupe-ongles, Doliprane, gel pour les dents, brosse (elle a 3 poils sur le caillou, mais 3 poils bien coiffés c'est important), le sac à langer. Le fameux sac à langer. D'ailleurs qui a inventé le nom : sac à langer ? C'est un vrai sac à bordel. Tu trouves de tout dedans, pire que notre sac à main.

Ah oui et puis les jouets. T'as trop peur qu'il s'ennuie, mais oui le pauvre, les balades en poussette ça ne lui suffit pas. Il a plein de nouvelles choses à découvrir, qui vont le stimuler, mais non tu auras toujours peur qu'il s'ennuie.

Oh j'allais oublier : la fameuse poussette. Donc récapitulons : une grande valise, un sac à langer, un sac à main, le porte-bébé et une poussette… tu m'étonnes que je voulais m'arrêter à un enfant. Je veux pas partir en vacances avec un semi-remorque !

Mon conseil « poussette »

Grâce à mon métier de créatrice de contenu, plus connu sous le nom d'influenceuse, j'ai eu la chance de tester plusieurs poussettes et je vous conseille fortement la Yoyo. Légère, se plie facilement, compacte une fois pliée, facile à ranger dans le coffre d'une voiture… Le prix lui est moins léger, mais parfois sur Leboncoin on peut trouver de bonnes affaires. Ou alors l'inclure dans la liste de naissance, c'est ce qu'on a fait.

LES MOYENS DE TRANSPORT

Je les ai tous testés : avion, train, voiture…

Je trouve que la voiture c'est le plus simple. Ça roule et ça les bébés en général ils aiment bien. Ça les endort et surtout ils sont attachés. Ils n'ont pas le choix ! La mère indigne que je suis apprécie, bien qu'il nous manque encore la grille pour la séparation comme dans les voitures de police... on y songe !

Le train et l'avion si ça ne dépasse pas les deux heures ça va, si ça dépasse faut prévoir Peppa Pig, l'âne Trotro et Petit Ours brun sur YouTube... et les dizaines de jouets dans la valise. Et si ça ne suffit pas, il y a les allers-retours dans les couloirs. C'est parfois dur, mais on survit, contrairement aux autres voyageurs ! Et on finit toujours par recommencer. Le corps a une mémoire, mais il sait aussi oublier malheureusement ! Tu as beau te répéter en boucle dans l'avion : « Plus jamais ! », te voilà six mois plus tard dans un train à vivre la même galère.

❮❮ C'est bien ça être mère,
avoir une mémoire sélective
et de courte durée. Heureusement
d'ailleurs.

Le taxi avec un bébé c'est plus compliqué et c'est cher, parce que tu es obligée de réserver un taxi avec un siège auto et ce n'est pas donné. Sans compter que très souvent tu demandes un siège auto pour bébé et tu te retrouves avec un rehausseur.

Autant vous dire que je n'ai jamais autant marché heuh... que depuis que je suis maman.

L'EXCITATION DES VACANCES

Revenons donc à nos vacances à Marseille. J'aime prendre un Airbnb quand je voyage avec bébé, je trouve ça plus pratique qu'à l'hôtel. Nous demandons toujours un lit parapluie, tu peux sélectionner ça dans tes recherches.

Les vacances, ça excite les grands, mais aussi les petits, donc les siestes peuvent être compliquées, le coucher aussi. Il ne reconnaît pas son lit ni sa chambre, il est excité par les journées souvent chargées, entre balades, découvertes et repas en terrasse.

Eléa est une enfant émerveillée par le moindre détail, donc elle était contente d'être en vacances et finalement on avait rapidement trouvé nos marques. J'allais courir tous les matins, la laissant avec son père, c'était mon moment à moi toute seule et en rentrant je prenais les croissants pour le petit déjeuner. C'était parfait à un détail près : la fatigue. J'étais très fatiguée, mais ce n'était pas la fatigue habituelle, plutôt le genre qui t'empêche de te lever le matin. Je devais m'extirper du lit, c'était un supplice.

Naturellement j'ai mis ça sur le compte des journées chargées, et c'est vrai qu'on marchait beaucoup. Puis quand même, je me suis dit que c'était peut-être autre chose, la thyroïde par exemple. Comme je vous l'ai dit, je souffre d'hypothyroïdie depuis mes 18 ans et parfois la coquine se dérègle sans raison particulière pouvant ainsi causer de la fatigue, une prise de poids et des sautes d'humeur. Je me suis promis de faire une prise de sang en rentrant pour vérifier tout ça.

Fin des vacances, retour à la maison et je suis toujours aussi fatiguée. Je décide donc d'aller faire une prise de sang pour contrôler la thyroïde. Ça ne pouvait être que ça.

Et cette fois j'évite d'aller sur Doctissimo parce qu'on sait bien comment ça se passe : tu recherches la cause de ta fatigue tu ressors avec un cancer. Et franchement... je n'avais pas envie !

J'ai reçu le résultat deux jours plus tard et contre toute attente la thyroïde était parfaitement équilibrée. Le reste était normal aussi, pas de carence en fer ni en magnésium, aucune infection détectée... Je ne comprenais pas d'où pouvait venir cette fatigue et m'occuper d'Eléa devenait une torture, j'avais tout le temps besoin de dormir.

Aller au restaurant avec un bébé

J'ai trouvé que c'était plutôt faisable de les amener au restaurant jusqu'à leurs 6 mois, après c'est là que les choses se compliquent...

J'ai vu à plusieurs reprises des bébés bien sages dans leur poussette avec un jouet, un bout de pain, pendant que les parents mangeaient tranquillement à table. Ça existe, mais pas chez moi malheureusement. J'étais toujours celle de la table à côté qui jalousait ce genre de bébé.

Les miens ne tenaient ni en poussette avec le morceau de pain ni sur la chaise haute avec un jouet. Si, mais ça ne durait jamais plus de dix minutes, et après on les retrouvait en cuisine en train d'envoyer les steaks tartares et les nuggets ! Autant vous dire que ça ne nous laissait même pas le temps d'entamer les entrées.

Il nous est souvent arrivé de manger à tour de rôle. On sortait chacun son tour avec la poussette pour faire le tour de l'immeuble, le temps de laisser la chance à l'autre de manger.

Nous avons toujours privilégié les restaurants avec terrasse, ou avec un intérieur assez spacieux pour pouvoir mettre la poussette et avoir accès facilement et rapidement à la sortie en cas de crise.

L'avantage de Marseille contrairement à Paris c'est qu'il y a plus de place entre les tables. À Paris tu sais si ton voisin a pris un steak bien cuit ou à point tellement tu es collé à sa table.

ET C'EST REPARTI
POUR UN TOUR...

Un soir, je décide de faire un test de grossesse pour me rassurer. Je n'avais pas mes règles, c'est vrai, mais rien d'inquiétant, j'allaitais ma fille et les règles peuvent être irrégulières, voire inexistantes en cas d'allaitement.

Mon pote Fabien venait me rejoindre en bas de chez moi à 19 heures pour qu'on parte courir ensemble et je décide de faire le test juste avant. Je fais pipi sur le bâton et sans aucun suspens, alors que je n'avais même pas encore fini d'uriner le test indique : ENCEINTE !

Moi enceinte ? Mais comment ? Alors oui, je ne prenais aucun moyen de contraception, mais on faisait attention.

Ahhhh le fameux : « On fait attention ! »
C'est comme jouer à la roulette russe.
Et moralité de l'histoire, ce n'est pas
un moyen de contraception !

J'étais sous le choc. Eléa avait 22 mois et je commençais à peine à trouver un équilibre, un peu de temps pour moi et à prendre goût à notre vie à trois. J'avais des projets de théâtre plein la tête… Comment est-ce que j'allais faire ? Je ne voulais pas replonger dans ce tourbillon. J'avais l'impression de voir mon esprit quitter mon corps, mais j'étais bel et bien vivante, plus que jamais d'ailleurs. Je suis restée assise de longues minutes avec ce bâton dans les mains avant d'aller voir Chéri et de lui dire :

« Je suis enceinte. »

« T'es enceinte ? Mais non ! »

Je lui ai tendu le test et on s'est regardé, on savait tous les deux que ce bébé on allait le garder.

Fabien m'attendait en bas, je suis descendue, j'ai ouvert le portail et je lui ai dit :

« Je suis enceinte. »

Je crois que lui non plus ne s'y attendait pas. J'ai couru, couru, couru et ça tournait en boucle dans ma tête : JE SUIS ENCEINTE !

Je crois que j'ai réellement accepté cette grossesse le jour de l'accouchement… Euh de la première échographie pardon, nous étions donc à 8 SA. J'ai entendu son petit cœur battre et le mien a battu encore plus fort. J'avais besoin de cette échographie pour me projeter et je crois bien que le papa aussi. On réalisait enfin vraiment.

ÊTRE ENCEINTE QUAND ON A DÉJÀ UN ENFANT

L'allaitement avec Eléa touchait à sa fin. Tout naturellement mon corps produisait moins de lait. Le sevrage naturel s'est donc fait à ses 25 mois. Sans pleurs, sans frustrations et malheureusement, je n'ai pas de conseils particuliers à donner à toutes celles qui veulent entamer un sevrage. Naturellement elle s'est mise à téter moins et mon corps a cessé de produire du lait. Je n'étais pourtant pas fermée à un éventuel co-allaitement, mais la nature en a décidé ainsi et ça m'allait très bien.

Les trois premiers mois ont été durs, entre la fatigue, les nausées et Eléa à gérer qui elle pour le coup n'était pas fatiguée pour un sou et pire encore, elle commençait à refuser les siestes.

J'étais un zombie, l'ombre de moi-même.

> Tu vois les rôdeurs
> dans *The Walking Dead*?
> Ben à côté de moi c'était des chevaux
> de course sortant de chez le toiletteur.

Au début du deuxième trimestre, les nausées ont disparu, la fatigue a diminué, laissant place à une vie quasi normale.

Eléa savait qu'elle allait avoir un petit frère, nous avions appris le sexe à 12 semaines lors de la deuxième échographie. Nous avons fait notre possible pour l'intégrer au mieux à cette grossesse. Nous avons acheté des livres, nous avons montré les échographies. Bon, déjà moi j'avais du mal à comprendre où était le cul-cul où était la tê-tête, alors elle, je n'ose même pas imaginer... Mais on essayait de l'intégrer au maximum, de lui expliquer par des mots simples que dans le ventre de maman il y avait un tout petit bébé. Qu'on l'aimait déjà, autant qu'on l'aimait elle.

UNE GROSSESSE PLUTÔT SEREINE

J'ai vécu une grossesse plutôt en forme, sans complication. Avant de tomber enceinte, j'avais pour projet de lancer une nouvelle pièce de théâtre. Une pièce que j'avais écrite et dans laquelle je devais aussi jouer. Bon, dommage pour moi, mon personnage n'était pas enceinte. Mais hors de question de repousser ce projet. J'ai donc recruté une comédienne pour me remplacer. J'avais en parallèle réussi à trouver une place en crèche pour Eléa, à raison d'une journée par semaine. Ça me permettait de faire plein de choses, dont former l'équipe de comédiens. Cela m'a occupée durant toute la grossesse et pour la petite anecdote, j'ai fait répéter une comédienne le jour de mon accouchement de 15 à 17 heures et à 21 heures j'étais à la maternité.

Avec le recul, je me dis que je n'ai pas assez profité de cette grossesse, je passais beaucoup moins de temps à câliner mon ventre, à lui parler. Je n'ai même pas téléchargé d'application de grossesse. Je n'ai quasiment rien acheté pour son arrivée, de toute façon je savais déjà que je n'allais pas m'en servir. J'ai fait l'erreur une fois, pas deux. Et après tout, lui aussi était arrivé sans prévenir ! 1 partout Baby !

Valentin a donc pointé le bout de son nez à 39 semaines. 3,610 kg et 52,5 cm.

Je n'ai jamais compris pourquoi on annonçait le poids et la taille comme une fierté. Le genre de truc que tu ne fais plus en vieillissant. T'imagines : « Bonjour je m'appelle Daniela Martins, je pèse 55 kilos et je fais 164 cm. » Tout le monde s'en fout.

VAIS-JE L'AIMER AUTANT
QUE LE PREMIER ?

Si vous êtes enceinte et que vous vous posez cette question, sachez que cela ne fait pas de vous une future Miss Hulk, non ! Cette question, on se la pose quasi toutes. C'est vrai, comment aimer aussi fort une deuxième, troisième, quatrième fois ? Cela paraît inimaginable. Et pourtant, n'ayez aucun doute là-dessus. Je l'ai aimé et je l'aime du plus profond de mon être, je me suis même demandé comment on avait fait sans lui ?

J'ai pleuré quand on l'a posé sur moi, je m'en voulais de m'être posé cette question tout au long de la grossesse, de ne lui avoir accordé que peu de temps pendant ces neuf mois.

Être mère c'est apprendre à vivre avec des remords. Tu as beau essayer de relativiser en te disant : « certains animaux mangent leurs bébés, alors il a de la chance finalement », tu finis toujours par avoir des remords qui te rongent et ça aussi c'est « normal ».

Vous l'aurez compris, le cœur ne se divise pas, il se multiplie à l'infini.

Contrairement à mon premier accouchement, celui-ci a été parfait.

Valentin était vraiment un bébé parfait. Il dormait. Je m'inquiétais qu'il dorme autant. Il dormait, il mangeait et entre les deux il faisait des cacas débordants.

*Les cacas en jet c'est quelque chose
que je ne connaissais pas avant non plus.
Il faut s'y préparer et acheter un ciré
et des gants en caoutchouc !*

LA RENCONTRE DE LA FRATRIE

Eléa est venue nous voir à la maternité le dernier jour. Je ne voulais pas qu'elle vienne avant. Je ne voulais pas qu'elle reparte avec son père, laissant sa mère et son frère. Je ne voulais pas qu'elle sente une quelconque injustice. On avait prévu un cadeau pour elle et pour lui. Elle avait apporté un cadeau pour son frère et son frère avait un cadeau pour elle.

Leur rencontre a été inoubliable. Elle avait 2 ans et demi, mais avait déjà beaucoup d'affection pour lui comme si elle l'avait toujours connu. Pour elle aussi c'était une évidence. Les adultes se posent toujours beaucoup de questions, les enfants beaucoup moins (surtout concernant les coucougnettes amovibles !).

Bon évidemment l'arrivée de son petit frère a quand même été bouleversante pour elle. Nous l'avions pourtant préparée tout au long de la grossesse. Mais c'est bien connu : tant que tu ne l'as pas vécu, tu ne peux pas savoir ce que c'est.

J'ai eu droit aux fameuses crises de jalousie, j'ai eu droit à l'enchaînement de bêtises pour se faire remarquer, mais j'ai géré tant bien que mal. Parfois avec des cris, rongée par les remords le soir lorsque j'arrivais enfin à les coucher, parfois épuisée, à bout de nerfs quand les deux pleuraient en chœur.

❮❮ Chez moi c'était *The Voice* ces soirs-là.

ÊTRE MÈRE DE PLUSIEURS ENFANTS, QU'EST-CE QUE ÇA CHANGE ?

J'ai appris qu'être mère, c'est faire ce qu'on peut et non pas ce que l'on voudrait faire. Combien de fois je me suis juré de ne jamais mettre mes enfants devant la télévision, de ne jamais les laisser pleurer (voir p. 141), de ne jamais leur donner des petits pots industriels… Aucun de ces principes n'a tenu. Et je ne vous parle pas des principes que j'avais pour la première… oubliés en cours de route pour le deuxième. Et visiblement c'est le cas pour beaucoup d'entre nous rassurez-vous !

Trouver l'équilibre c'est le plus dur je trouve, mais faites-vous confiance et encore une fois, n'hésitez pas à demander de l'aide pour que vous puissiez prendre soin de vous et revenir en forme.

Un jour, une puéricultrice de la PMI m'a dit lors d'une consultation pour peser Valentin :

> « Le bébé a juste besoin de manger et de vos bras, la grande a plus besoin de vous en ce moment. »

Cette phrase m'a énormément aidée. Elle avait raison. Il fallait que je donne plus d'attention à Eléa qu'à Valentin. Bon évidemment, je ne laissais pas Valentin fumer mon paquet de cigarettes dans sa gigoteuse non plus, mais il fallait que je prenne du recul, que je me détache un petit peu du côté possessif. Disons que j'étais submergée par l'arrivée de ce bébé, j'étais dans ma petite bulle avec lui sans doute l'effet des hormones post-partum, à tel point que parfois j'avais l'impression de délaisser Eléa.

Cette phrase a agi sur moi comme un véritable électro-choc. J'ai donc redoublé d'efforts pour lui donner plus d'attention. J'ai commencé à utiliser mon écharpe de portage pour porter Valentin et avoir les mains libres pour elle.

ET MAINTENANT ?

Avec le temps les choses s'apaisent. Chacun a trouvé sa place, un rythme. Ils ont appris à respecter les règles (parfois). Les crises de jalousie sont moins récurrentes, moins intenses.

Ils s'aiment autant qu'ils se détestent. Ils se câlinent autant qu'ils se frappent. Ils jouent ensemble autant qu'ils se boudent. Et moi dans tout ça j'ai l'impression d'être le méchant flic celui qui intervient, mais qui ne punit pas toujours le bon.

Et comme tous les flics, il arrive parfois que l'on s'en prenne à l'innocent, parce qu'on n'a pas vu, parce qu'on est trop fatiguée ou tout simplement dépassée. On réagit à chaud. Souvent j'ai des remords le soir, des remises en question : « Est-ce que oui ou non j'ai été juste ? » Je n'ai pas toujours de réponses à mes questions, mais je me rassure en me disant, encore une fois, que certains animaux mangent leurs bébés, ça m'aide à relativiser.

1er enfant:	toujours bien habillé.			
2e enfant:	reste en pyjama toute la journée.			
3e enfant:	c'est Tarzan. Une couche fera l'affaire.			

1er enfant:	4 fruits et légumes		1er enfant:	pas de télé
2e enfant:	la compote de pomme de chez Bledina c'est ok ?		2e enfant:	télé à volonté
			3e enfant:	on l'appellera Mario ou Pikachu directement.
3e enfant:	il aura des chewing-gums pomme-cassis.			

1er enfant:	prise de température de l'eau du bain avec le thermomètre.
2e enfant:	on teste l'eau avec la main.
3e enfant:	on teste pas, on lui demande juste si la température de l'eau lui convient comme chez le coiffeur.

1er enfant:	10 g de protéines 100 g de légumes, 30 g de féculents, un yaourt et une compote.
2e enfant:	Flemme, « tu veux un biberon ? »
3e enfant:	« Mais fallait le dire aussi que t'avais faim Pitchoune. »

1er enfant:	activités manuelles Montessori pour développer la motricité fine.
2e enfant:	il joue avec ce qui traîne.
3e enfant:	c'est les deux autres qui lui apprennent à marcher.

1er enfant:	toujours changé, nickel, propre.
2e enfant:	qui vient de faire caca dans sa couche au moment de partir, c'est pas grave on dira à la nounou qu'il a fait pendant le trajet.
3e enfant:	on lui apprend à aller au pot dès 6 mois.

1ᵉʳ enfant : il pleure, j'accoure tout de suite.
2ᵉ enfant : j'attends un peu avec un peu de chance il va se rendormir tout seul.
3ᵉ enfant : « Tu vois chéri qu'on a bien fait de le mettre dans la chambre du fond ! »

1ᵉʳ enfant : brocolis vapeur pour une cuisson parfaite
2ᵉ enfant : « T'as jeté ton brocoli par terre ? Tiens prends du pain et tais-toi. »
3ᵉ enfant : « Comment ça Maman a oublié de décongeler le brocoli ? Bah imagine que c'est une glace. »

1ᵉʳ enfant : jamais sans mon bébé
2ᵉ enfant : « Maman je peux te les laisser pour le week-end ? »
3ᵉ enfant : « Et n'oubliez pas : Maman vous aime. À dans un mois. »

1ᵉʳ enfant : on sort en fonction de ses siestes.
2ᵉ enfant : il dormira dans la poussette tant pis.
3ᵉ enfant : on sort pas, on fait la sieste.

1ᵉʳ enfant : tu lui changes de pyjama à la moindre tache.
2ᵉ enfant : on changera demain.
3ᵉ enfant : on met un pull par-dessus et ça tient un jour de plus.

1ᵉʳ enfant : on achète pleins de jouets.
2ᵉ enfant : « Va jouer avec ta sœur. »
3ᵉ enfant : « Sors tout de suite de la litière du chat. »

1ᵉʳ enfant : tu fais des albums photos.
2ᵉ enfant : elles sont encore dans ton téléphone.
3ᵉ enfant : il a lui-même son téléphone, il sait déjà faire des selfies donc t'es peinard.

1er enfant: tu stérilises tout.
2e enfant: tu mets la tétine tombée par terre dans ta bouche pour la nettoyer.
3e enfant: tu lui scotches la tétine à la bouche.

1er enfant: « Il a pris son bain ce matin ou cet après-midi ? »
2e enfant: « Il a pris son bain quel jour ? »
3e enfant: tu attends qu'il sente le reblochon pour agir !

1er enfant: 38,5 de fièvre, on file aux urgences.
2e enfant: 39,5 de fièvre au bout du deuxième jour on va chez le médecin.
3e enfant: 41 de fièvre, tu ouvres les fenêtres et tu lui files un Mister Freeze.

1er enfant: départ en vacances avec parc, jouets, bouée, chaise haute, sac à langer.
2e enfant: hop dans la poussette et on verra sur place.
3e enfant: tu réalises sur place que tu as le sac, la poussette, la bouée... et merde on a fait quoi de l'enfant, chéri ?

Il était prévu que je clôture ce chapitre ici, sauf que... pendant que j'écrivais ce livre, j'ai eu le temps de tomber enceinte et d'accoucher de mon troisième enfant. Un deuxième petit gars. Qui l'eut cru, que je survivrai à mon premier post-partum et que je remettrai le couvert deux fois de suite. Un chouia maso la fille.

J'ai vécu une grossesse différente des autres, beaucoup plus sereine, je pense moins à l'après. Je n'y pense pas du tout même, mais ça ne m'empêche pas de savoir que je vais encore passer des mois et des mois sans dormir, je sais que je vais être au bout de ma vie à cause du manque de sommeil, je sais que je vais me sentir débordée plein de fois, que je vais transpirer de stress, que je vais gueuler à gorge déployée sur les grands, je sais que je vais pleurer de doutes et de remises en question, mais vous savez quoi ? Je sais aussi que je vais surmonter tout ça, parce qu'être mère, ce n'est peut-être pas que du bonheur, mais ça te donne une force mentale dont tu ignorais être capable avant.

Quand je les vois embrasser mon ventre et lui parler avec des mots doux comme si c'était une évidence, je me dis qu'on a fait le bon choix de partir sur un petit troisième. Un petit dernier... ou pas. Non je plaisante. Cette fois-ci je ferme la boutique, puis de toute façon on n' a plus de place dans l'appartement, comme ça la question ne se pose pas !

« Leur donner la famille que je n'ai pas eue et les voir heureux c'est mon plus grand souhait, mon objectif dans la vie.

ÉDUCATION POSITIVE...
COMME JE PEUX !

Ayant subi des violences physiques et psychologiques lorsque j'étais enfant, je ne veux pas faire subir la même chose à mes enfants. J'ai souvent eu peur de mes parents. Je n'ai pas envie que mes enfants aient peur de moi. Je veux qu'ils me respectent sans pour autant qu'ils aient peur de moi. J'imagine un employé qui a peur de son patron, une épouse qui a peur de son mari ou un chien qui a peur de son maître. Je ne voulais pas ça pour mes enfants.

Mais ce serait vous mentir que de vous dire que je n'ai jamais eu envie de les tirer par les cheveux, de leur mettre une fessée, au même titre que j'ai déjà eu envie de le faire sur d'autres personnes, mais je me suis retenue.

« La violence ne résout pas les problèmes.
C'est pareil en ce qui concerne les enfants.

J'avais une référence : MOI et ma propre expérience. Celle d'une enfant qui subissait des violences, mais qui ne respectait pas ses parents. Je n'avais plus aucun respect pour eux, j'avais peur. Ce sont deux sentiments différents.

Je vous avoue qu'à plusieurs reprises je me suis retenue de passer à l'acte, d'avoir un geste réellement violent. J'ai parlé à ma psychologue de ces moments où je ne suis pas loin de passer à l'acte et elle m'a demandé ce qui malgré tout me retenait. Je lui ai répondu que leur regard rempli de peur quand je levais la main me renvoyait à ce que j'avais vécu et me stoppait. Elle m'a expliqué que c'était important de le verbaliser à ce moment-là, de dire à voix haute ce qu'on a envie de faire. L'enfant, lui, comprend que vous êtes à bout et pourquoi vous êtes dans un état pareil et vous, vous posez votre colère sur des mots qui vont permettre de la canaliser. Depuis j'essaye d'appliquer ses conseils.

Éduquer sans violence

La violence éducative ordinaire (VEO) est une violence physique ou verbale qui a pour but « d'éduquer » l'enfant. Il peut s'agir de fessées, de tapes, de gifles ou d'humiliations et de paroles blessantes. Elle est dite ordinaire car elle est considérée comme banale, normale. Ces violences, souvent quotidiennes, à la maison ou à l'école, ont des conséquences néfastes pour les enfants. Elles favorisent l'agressivité, une baisse de l'estime de soi, une baisse des performances et un comportement antisocial. Depuis juillet 2019, les VEO et notamment la fessée, sont interdites en France.

CE QU'ON RISQUE
À DÉRAPER UNE FOIS ?

On risque de recommencer. Prenez l'exemple des hommes violents. Ça a commencé par une gifle, un jour... et puis ça ne s'est jamais arrêté.

Je punis parfois. Quand je suis dépassée, quand j'ai tout essayé et que ça ne marche pas, je les envoie dans leur chambre. Porte fermée. Je leur demande de réfléchir et je prends le temps de leur expliquer pourquoi ils ont été punis. Je profite de ce temps pour souffler, me calmer. Parfois ça dure cinq minutes, parfois une heure. Tout dépend de mon état et de la gravité de la bêtise pour laquelle ils sont punis. J'ai commencé à les punir à partir de 2 ans. J'estime qu'avant ils ne comprennent pas vraiment. Je ne sais pas si c'est le plus efficace, mais c'est ce que j'ai trouvé comme solution lorsque je me sens dépassée.

Vous l'aurez compris, je suis loin de l'éducation positive, je crie beaucoup, trop, mais il y a une limite que je ne franchis jamais : celle de la violence. Je ne pratique aucune méthode éducative en particulier, si ce n'est celle du : *je fais ce que je peux !* Et vous verrez, c'est déjà pas mal...

> D'ailleurs une situation
> qui peut mettre ma patience
> à rude épreuve c'est le moment
> des repas.

À TAAAABLE...

Lors des repas, on essaye de les asseoir à table à un mètre de distance l'un de l'autre. Geste barrière oblige... pour éviter la transmission d'aliments d'une assiette à l'autre ! Souvent, je compare cela aux distanciations sociales liées au Covid-19, sauf que là c'est juste pour éviter les disputes. Ça commence par une pâte, ça finit avec les pâtes par terre. Être mère c'est toujours prévoir le pire. On a toutes connu l'assiette qui vole, les verres renversés. Aujourd'hui je prévois tout : les assiettes qui se collent à la table, les verres avec à peine un fond d'eau, les tomates cerises pour compléter les 5 fruits et légumes journaliers et les compotes à gogo pour le quota de fruits.

Très souvent, ils finissent leur assiette devant la télévision.

Ma première n'avait pas le droit de regarder la télévision. Exceptionnellement quinze minutes par-ci par-là. On sait que les écrans sont déconseillés pour les enfants de moins de 3 ans et je suivais le protocole à la lettre.

Mon deuxième regarde la télévision... avec sa sœur, parfois sans sa sœur aussi. J'essaie de limiter, d'accorder un créneau précis, mais j'avoue que bien souvent il n'est pas respecté.

Ma première n'a jamais mangé de petits pots industriels, mon deuxième n'a mangé que ça et vous savez quoi ? Il se porte bien. Celles qui aiment cuisiner devraient pouvoir s'en sortir, mais celles qui, comme moi, détestent cuisiner, les repas c'est une véritable corvée. Peser les quantités, changer de recette, congeler, décongeler, recommencer. Il y a des livres inspirants avec plein de jolies recettes qui ont l'air faciles à préparer en plus, mais rien n'y a fait, je refusais de recommencer l'histoire des petits pots faits maison une deuxième fois. C'est donc tout naturellement et sans remords que j'ai acheté des petits pots industriels, bio pour ma conscience quand même.

POUR FINIR...

Être mère pour la deuxième fois m'a appris plein de choses : Valentin m'a appris qu'il existe des bébés qui ne pleurent pas tout le temps, qu'un accouchement ne rimait pas seulement avec souffrance. Il m'a appris à lâcher prise pour mon bien-être personnel. Il m'a appris qu'on pouvait aimer à l'infini, à être moins dure avec moi-même, à moins m'autoflageller. Il m'a appris que les garçons étaient plus proches de leur mère et les filles de leur père. Ha ha ha !

Il m'a appris à m'occuper de moi aussi, à ne pas toujours vivre exclusivement pour eux. Il m'a appris, et cela de manière générale que tu peux donner la même éducation, le même amour de manière égale et avoir deux êtres totalement différents, voire à l'opposé. Il m'a appris que mes enfants ne m'appartenaient pas, qu'on ne peut pas porter tous leurs malheurs sur nos épaules. Que bien trop souvent, on fait ce qu'on peut et pas ce qu'on veut.

J'ai voulu écrire ce livre pour toutes ces mamans ou futures mamans qui, comme moi, n'ont pas été assez informées ou soutenues dans leur maternité. J'ai voulu l'écrire pour leur dire que ce n'est pas grave d'avoir envie de jeter son enfant par la fenêtre, ce qui est grave c'est de le faire.

Dans ce livre, je m'adresse surtout à vous les filles, mais n'hésitez pas à le faire lire à votre chéri pour qu'il comprenne certaines choses, certaines réactions. C'est vrai, ils ne sont pas dans nos têtes, ne vivent pas forcément les choses de la même manière et comme je dis toujours : tant que tu ne l'as pas vécu, tu ne peux pas comprendre.

Aujourd'hui, j'arrive à trouver un certain équilibre dans mon rôle de mère. Je suis heureuse, pas tous les jours, ce serait vous mentir, mais je me sens complète. À tel point que j'ai mis de côté l'idée d'adopter. J'ai compris que je pouvais faire autrement que mes parents. J'ai appris qu'on pouvait avoir des enfants sans les détruire, j'ai appris que les enfants n'étaient donc pas tous malheureux. La maternité m'a sauvée et en partie guérie de mes blessures.

Je prends plus de temps pour moi, je vis un peu moins pour et à travers mes enfants et un peu plus pour moi. Quand je parle de moi, j'englobe également ma vie de couple.

J'en étais incapable avant. C'est Valentin qui m'a donné le courage de reprendre mon rôle de femme en main, mon rôle de personne à part entière. Au début, c'était compliqué de trouver du temps et puis petit à petit ce temps je me le suis imposé, comme une chose vitale. En prenant soin de moi, je suis devenue une meilleure mère, je pense. Meilleure, je ne sais pas si c'est le bon adjectif, mais je me sens plus apaisée, plus épanouie et du coup moins sur les nerfs quand je suis avec eux. Je suis plus patiente aussi… enfin ça, ça dépend des jours, mais aussi des lunes par rapport à mon signe astro-logique : crocodile, ascendant vipère et surtout de mon cycle menstruel, si je suis à J + 3 ou à J + 24, on est d'accord les filles, ça change tout.

Ce n'est pas toujours facile, loin de là, mais je les vois grandir, je les vois sourire, je les vois heureux et je me dis : « Bordel tu fais du bon boulot quand même. » Je ressens encore de la culpabilité parfois, j'ai encore des doutes, des peurs, je sais que plus tard ils me feront sans doute des reproches pour x raisons, mais je sais que j'ai fait de mon mieux et je leur répondrai de la même manière :

« Je n'étais pas parfaite,
j'ai juste fait de mon mieux. »

Et n'oubliez pas : vous êtes si fortes !

Quand vous culpabilisez, dites-vous que certains animaux mangent leurs bébés... ça va, vous avez de la marge !

REMERCIEMENTS

« Daniela tu as oublié la partie
des remerciements ! »

Ah bah oui, c'est vrai qu'à la fin d'un livre il y a la partie remerciements. Pour tout vous dire, je l'avais oubliée et pourtant en tant que lectrice, moi, c'est l'une de mes parties préférées. Le moment où l'on sort les mouchoirs. C'est gnangnan, mais j'adore ça. On dirait un peu les Grammy Awards.

Je ne vais pas faire dans l'originalité, mais je commence par remercier mes enfants. Mes enfants qui m'ont rendue meilleure.

J'aimerais aussi remercier « mon mari René » qui ne m'a jamais lâchée, qui m'a fait confiance. Tu sautes, je saute. C'est mon mari René, mon Jack des temps modernes.

Ensuite, toutes ces femmes qui ont témoigné dans ce bouquin, et toutes celles qui n'y figurent pas, mais qui m'ont partagé un bout de leur vie, en toute confiance. Sans vous, ce livre ne serait pas le même. Vous êtes incroyablement inspirantes !

J'aimerais remercier mon agente (je déteste dire ça, ça fait un peu la nana qui se la raconte), Léa, qui m'a écrit un jour en me disant :

« Hey, tu ne veux pas écrire un livre sur la maternité ? »

Et depuis, elle ne m'a plus lâchée. Elle a cru dans le projet avant moi, même plus que moi. Merci Léa, on l'a fait !

Et toi Romain, mon collègue, mon José, merci de m'avoir apporté des idées quand je n'y voyais pas clair, quand j'étais fatiguée, quand je n'avais plus l'inspiration pour continuer. Tu as vu, on l'a fait !

Après j'ai hésité à remercier mes parents… mais je pense sincèrement que si je n'avais pas été autant rabaissée, je n'aurais jamais eu la niaque que j'ai aujourd'hui et peut-être que ce livre n'aurait jamais vu le jour finalement. Tout a une raison d'être paraît-il. Alors merci, ce n'était pas la meilleure façon de faire, mais ça m'a aidée.

Et pour finir, ma maison d'édition. Parce que, bordel, vous avez été courageux (peut-être un peu fous aussi) de croire en ce projet.

Merci

PEFC PEFC/14-38-00277

———

13889

Composition
NORD COMPO

Achevé d'imprimer en Slovaquie
par NOVOPRINT
le 30 juillet 2023

Dépôt légal : août 2023
EAN 9782290380314
OTP L21EPBN000636-546501

ÉDITIONS J'AI LU
82, rue Saint-Lazare, 75009 Paris

Diffusion France et étranger : Flammarion